この問題集の特長

「ガンゼン」と、「めのまえ」。

耳にしてすぐに意味がわかる言葉は、どちらですか？　もちろん、「めのまえ」ですね。訓読みの表現（和語）とはそういうものです。一方の「ガンゼン」（眼前）は音読みの表現（漢語）です。漢語は、和語にくらべると意味をつかみにくいことが多いのです。

こうした熟語の登場頻度が高いと、だんだんと話の意味がわからなくなってきます。特に子どもたちにとっては、お手上げ状態です。

この本は、そういった「抵抗を感じる熟語」を中心に取り上げた「語彙力強化」のための一冊です。

もちろん、ただ単に熟語をランダムに羅列した本ではありません。この本では、読解問題などにおいて文章に登場する頻度が特に高い「共通項」となる漢字を、厳選１０３字掲載。そしてそこから派生する熟語※を約８００語、取り上げました（※熟語以外や訓読み表現も含む）。著者が国語専門塾で積み上げた長年の指導経験が、反映されています。

読解力を強化する！

そして何よりも注目す [illegible] 本が「読解力向上」を主 [illegible] ということです。

「ガンゼン」と「眼前」、[illegible] 味がわかりやすいのはど [illegible]

当然、後者ですね。そ [illegible] いうものが意味を運ぶからです [illegible] 音では理解しづらくとも、文章ならば乗り越えられます。漢字の習得度は、いわば理解のための生命線なのです。

だからといって漢字字典で意味を調べまくっても、抽象的な解説が目に入るだけで、身につきません。

漢字を効率的に学び成果を上げるには、「意味」を超えた着眼点が必要です。それが、この本の最大の特長である、「イメージ」です。続きは、冒頭解説（4〜7ページ）をごらんください。

ふくしま式への高評価、続々！

ふくしま式は、常に新しい提案をし続けます。その独自性と、内容の信頼性には、いつも高い評価をいただいています。生徒や保護者はもちろん、管理職を含む学校教師、そして受験の専門家である塾講師のみなさん。あるいは、雑誌、新聞、テレビなどの各種メディアからも、注目され続けています。

次は、あなたの番です。ご自身で、その価値をぜひ、体感してください。

ふくしま式《しき》「本当《ほんとう》の漢字力《かんじりょく》」が身《み》につく問題集《もんだいしゅう》

●もくじ

Part 1 学年別漢字《がくねんべつかんじ》

Part 2 イメージ別漢字《べつかんじ》

ブックデザイン 村﨑和寿

「本当の漢字力」とは、「書き取り力」でも「読み取り力」でもない！

漢字と言うと、とかく「読み書き」に目が向きがちです。

たしかに、中学入試、高校入試、大学入学共通テスト、そして東大入試に至るまで、漢字の問いというのは、独立した形で「読み書き」を試されることがほとんどです。

学校における日常的な国語授業においても、漢字というのは「漢字ドリルとそのテスト」によって学べばそれでいい、というイメージが定着しています。

長文読解などの「メイン」に対し、漢字は「サブ」でしかない。

それが、世間における漢字学習のイメージなのです。

しかし、みなさん。

それは、間違っています。

実は、漢字こそが「メイン」なのです。

長文読解の成否を決めるもの。

それは、「本当の漢字力」です。

「ふくしま式」では、この「本当の」という修飾語はおなじみですから、「どうせシリーズの流れでつけただけだろ」とお思いの方もいらっしゃるかもしれません。

しかし、私・福嶋はそんないい加減なことはしません。

「本当の」というひとことには、確かな意味があります。

本当の漢字力。

それは、「漢字のイメージ」によって、理解度を格段にアップさせる力です。

本当の漢字力とは、「書き取り力」でも「読み取り力」でもなく、いわば「意味取り力」です。

より正確に言えば、それは「意味」をも包括する概念である、**「イメージ」を身につける力**なのです。

では、「漢字のイメージ」とは、どういうものなのでしょうか。

「漢字のイメージ」をつかめ！ それが、読解力を確かなものにする

たとえば、

「現在・過去という言葉の**意味は？**」

と問われたら、どう答えますか。

そんなの、決まってるでしょ。「今・昔」でしょ。

はい。それは間違っていません。しかし、それだけではあまり役に立ちません。そこで、問いを変えます。

「現在・過去という言葉の**イメージは？**」

答えは、こうなります（62ページより）。

現在《げんざい》	←→	**過去《かこ》**
見《み》えている今《いま》。		見《み》えていない昔《むかし》。
形《かたち》ある今《いま》。		形《かたち》なき昔《むかし》。

ポイントになるのは、「現」という一字です。

「現」という字は、「見えている」「形ある」というイメージをもちます。これをもとに「現在」を解釈し、さらにそれをもとにして、反対語である「過去」をも解釈する。それが、今挙げた例の仕組みです。

突然ですが、**文章読解とは何でしょうか。**

それは、他者の文章表現を一度バラバラにし（「解」のイメージです）、それを自分で組み立て直すこと。つまり、筆者のメッセージを失うことなく、表現だけ換えることです。

表現だけ換える。

そのために不可欠なのが、「イメージ」です。

ここで、例文をお示ししましょう。

A「我々は現在だけにとらわれすぎている。過去をじっくりと振り返り、失敗から得られたであろう教訓を具体化することで、とりもなおさず現在に価値が生まれるのである」

イメージをもとにして、この文章の表現を換えます。

B「我々は形ある今だけにとらわれすぎている。形なき昔を振り返り、教訓を形にすることで、とりもなおさず形ある今に価値が生まれるのである」

いかがでしょうか。イメージの力で、ぐんと理解が深まりましたね（ここでは「具体化」の「体」のイメージも活用・65ページ）。

もちろん、BからAへと逆に言いかえることもあります。

読解とは、イメージの連携作業。イメージがわかないと、文章はただの文字列

前ページで挙げたAの文章を再度、見てみましょう。

A「我々は現在だけにとらわれすぎている。過去をじっくりと振り返り、失敗から得られたであろう教訓を具体化することで、とりもなおさず現在に価値が生まれるのである」

わかるような、わからないような。大人ならまだしも、子どもには、眠くなる印象があります。Bはどうでしょうか。

B「我々は形ある今だけにとらわれすぎている。形なき昔を振り返り、教訓を形にすることで、とりもなおさず形ある今に価値が生まれるのである」

もちろん、まだ抽象度の高いメッセージではありますが、それでも「形」という**共通項**がつかめたことで、筆者のメッセージに近づけた感じがありますね。

具体例も挙げておくと、次のようになるでしょう。

「毎日の生活ばかりにとらわれず、たとえば日記を見返そう。するとああこういうことがあったね、じゃあ次はこうしよう、などと行動に移せるから、今日という日がよい日になる」

抽象的なメッセージというのは、たいていこうした具体例とともに出てきます。具体例というものは、そもそもイメージがはっきりしています。しかし、Aのようにイメージの得られない抽象的な結論になったとたん、具体例との間に溝ができてしまう。〈具体〉と〈抽象〉の間が、つながらない。

この〈具体〉と〈抽象〉の溝をつなぐもの。

それが、「イメージ」の橋です。

その「イメージ」の橋となるもの、それが「漢字」なのです。

読解とは、いわば、「イメージの連携作業」です。これができないと文章はただの文字列と化し、眠くなってしまいます。

今、連携と述べました。

これは、抽象から具体の場合もありますし、具体から抽象の場合もあります。言いかえとは相互往来ですから、片方ができれば、もう片方もできるようになります。

そこで、この問題集は次のような構造にしました。

① まず、抽象的な漢字・熟語の具体的イメージを紹介。

② 次に、具体から抽象へ戻す、つまりイメージから漢字・熟語へと言いかえる問題を解く。

実際のページを、パラパラとチェックしてみてください。

この問題集のレベル及び注意点

①　この問題集の主な対象は小学生ですが、必ずしも限定していません。中高生や大学生、あるいは大人のみなさんでも活用できるようにしています。そこで、登場する漢字は次のようにしています。

〈大見出しとして登場する漢字〉

↓　小学校学習指導要領（文部科学省）掲載の「学年別漢字配当表」に登場する漢字を掲載（パート3を除く）

〈大見出し以外の熟語や、設問文中の漢字〉

↓　右記「配当表」や、「常用漢字表」（文化庁）などにとらわれず、読解の際に重要と思われる漢字を積極的に掲載

②　問題レベルとしては小学四年生以上が適していますが、漢字自体は一〜三年の字もたくさん登場しますから、三年生以下でも手元に置いておくと参考になるはずです。

③　答えを書く際は漢字で書くのが原則ですが、未習の字については仮名で書いてもよいでしょう。書き取り問題集ではないため「書き順」は表示されていませんが、すぐれた一冊である『小学漢字　１０２６字の正しい書き方』（旺文社）や、インターネット上の書き順解説サイトなどを参考に、なるべく書けるようにしましょう。

④　見出し漢字の「読み」はページ下部（脚注）にあります（訓読みはひらがな、音読みはカタカナで表示）。類似した読み（たとえば「見る」「見える」など）は、一部を省略している場合があります。

⑤　各漢字について挙げられている「イメージ」は、あくまでも代表的なものです。著者が長年の指導経験に基づき重要度を考慮した上でピックアップしていますから、書かれていない「イメージ」もあることをお断りしておきます。

⑥　各設問の選択肢群には、解答として使わない言葉が含まれる場合と、含まれない場合があります。

⑦　同じ熟語が他のページにも出てくることがよくあります。どのページなのかは、巻末の索引で調べることができます。

⑧　たとえば、イメージ解説では「あがる」、文中では「上がる」と書いてあるようなケースが多々あります。これは、その場その場で見やすさ・わかりやすさを考え、意図的に変えているものです。

ふくしま式・既刊紹介

福嶋隆史著・大和出版

「本当の」というタイトルに、偽りなし。どの一冊も、「これぞ！」と納得すること、間違いなし。

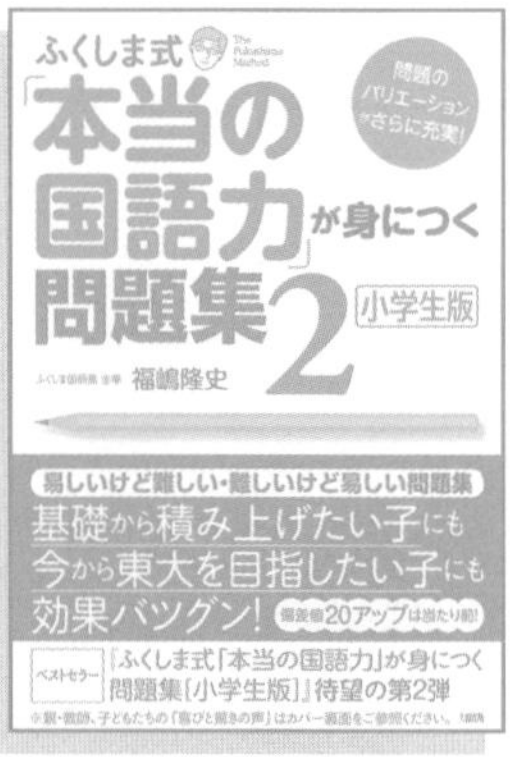

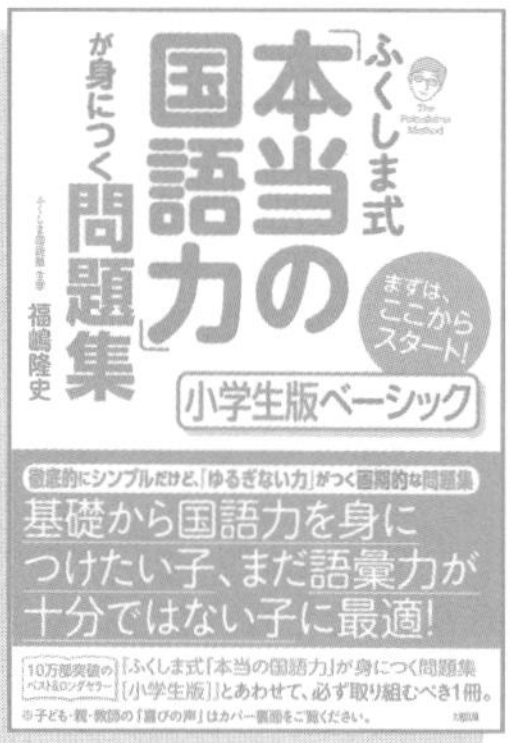

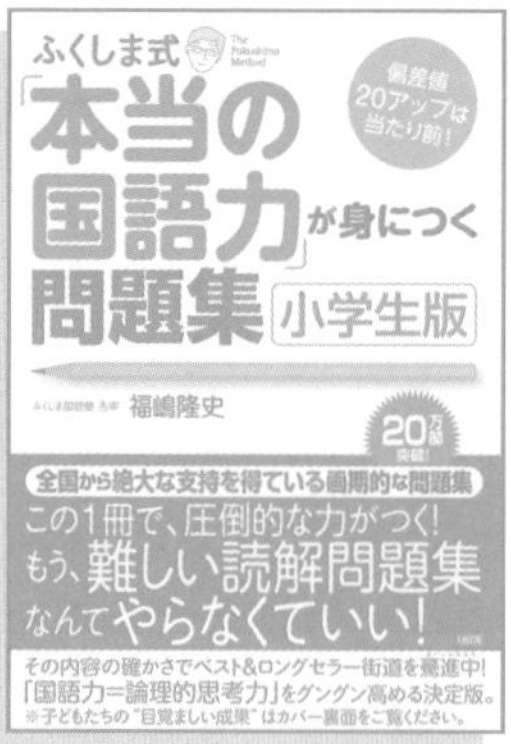

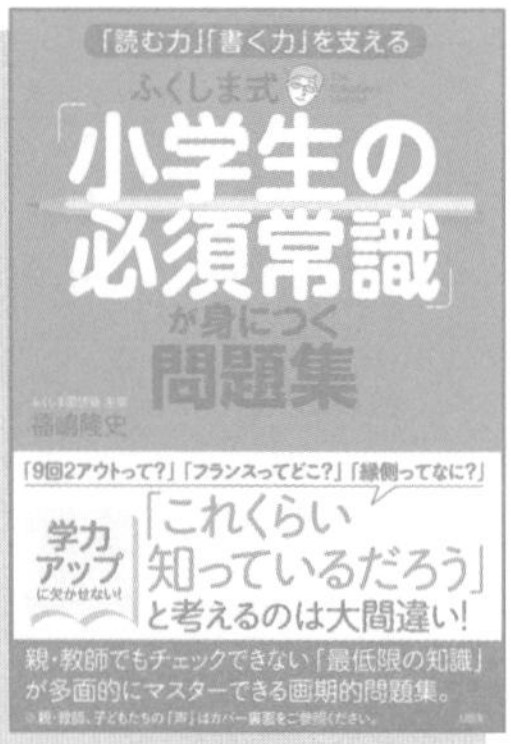

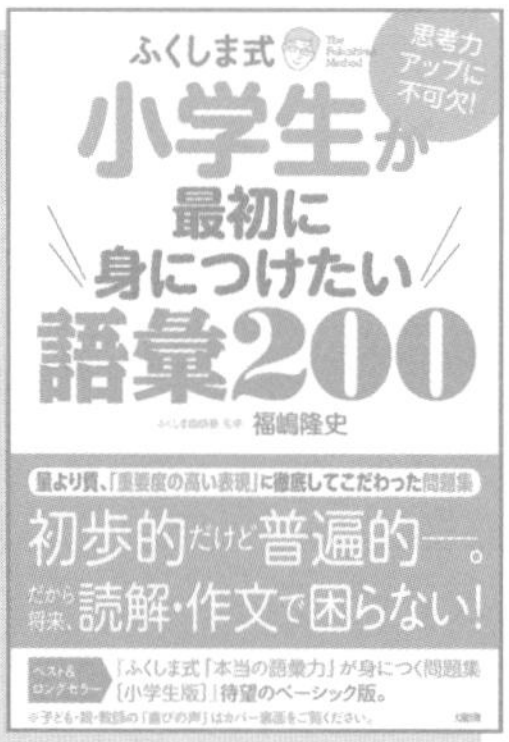

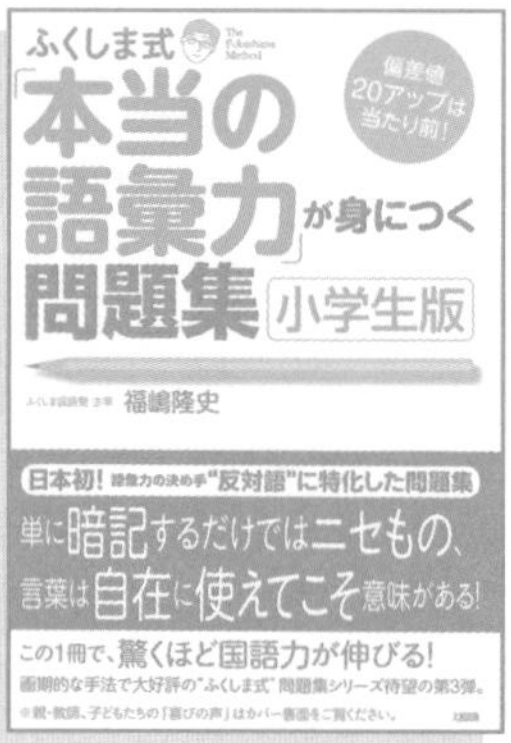

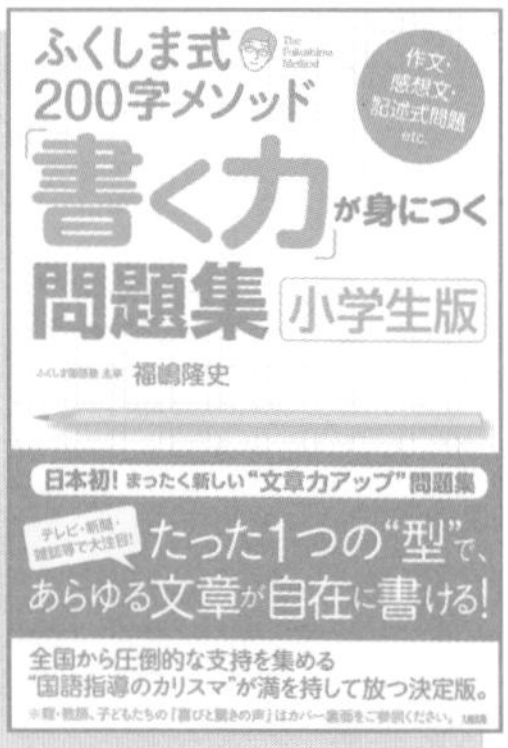

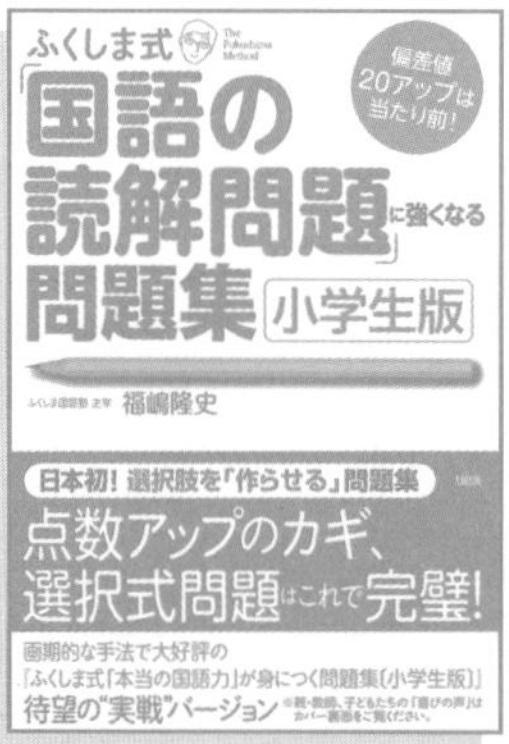

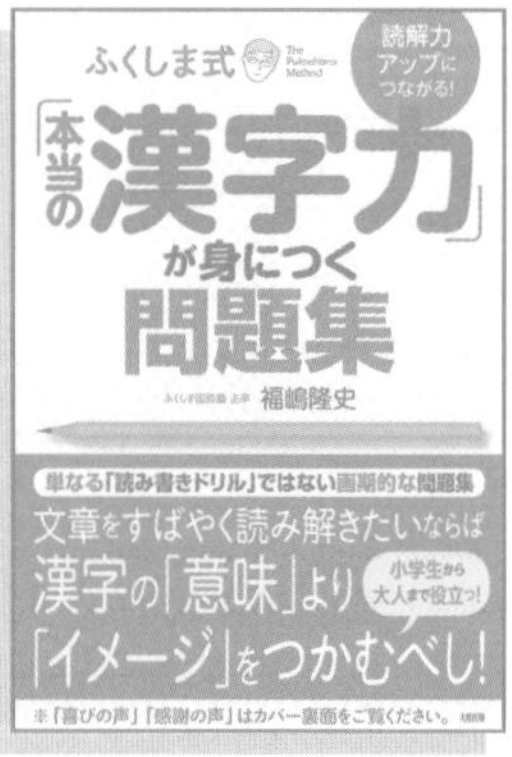

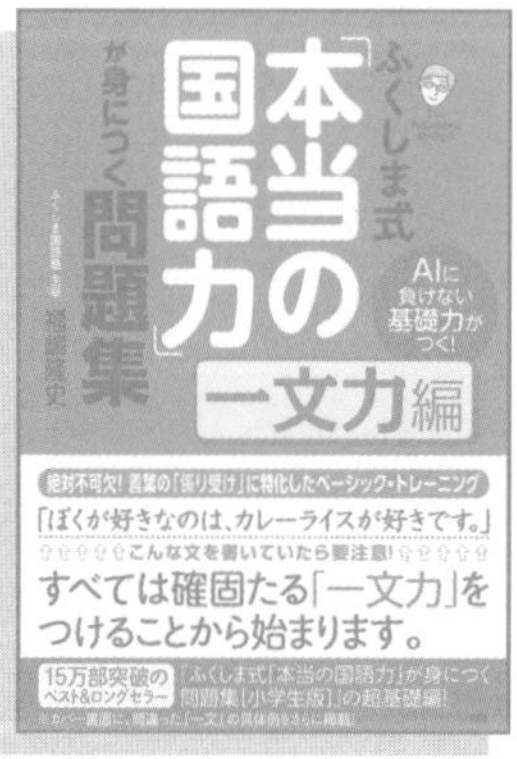

福嶋隆史の著書一覧

Part1

学年別漢字《がくねんべつかんじ》

コラム（153ページ）でも述《の》べているように、
「習《なら》った漢字《かんじ》、習《なら》っていない漢字《かんじ》」
という受動的《じゅどうてき》な発想《はっそう》は、捨《す》てましょう。
「学《まな》んだ漢字《かんじ》、学《まな》んでいない漢字《かんじ》」
という能動的《のうどうてき》な発想《はっそう》に変《か》えればよいのです。
この本《ほん》で今《いま》から学《まな》べば、それはもう
「習《なら》った漢字《かんじ》」なのですから。
漢字《かんじ》は、身《み》の回《まわ》りにあふれています。
一字《いちじ》、また一字《いちじ》。熟語《じゅくご》を一《ひと》つ、また一《ひと》つ。
こうして積《つ》み上《あ》げることこそが、漢字力《かんじりょく》、
語彙力《ごいりょく》、読解力《どっかいりょく》を高《たか》める、唯一《ゆいいつ》の道《みち》です。

学年別《がくねんべつ》の漢字《かんじ》一覧《いちらん》

小学校《しょうがっこう》で習《なら》う漢字《かんじ》は1026字《じ》あります。そのうち各学年《かくがくねん》8字《じ》ずつ、計《けい》48字《じ》を取《と》り上《あ》げました。

全体《ぜんたい》の5%にも満《み》たない分量《ぶんりょう》ですが、そこから派生《はせい》する言葉《ことば》の重要度《じゅうようど》は極《きわ》めて高《たか》いと言《い》えます。しっかり身《み》につけるようにしましょう。

1年生《ねんせい》

空　名　人　生
正　本　手　足

2年生《ねんせい》

直　作　言　野
明　光　頭　首

3年生《ねんせい》

動　定　相　対
暗　着　世　受

4年生《ねんせい》

変　観　利　機
末　共　別　低

5年生《ねんせい》

評　価　能　精
個　質　制　常

6年生《ねんせい》

値　創　異　存
推　視　認　密

1年生《ねんせい》の漢字《かんじ》

第《だい》1学年《がくねん》(80字《じ》)

一右雨円王音下火花貝学気九休玉

金空月犬見五口校左三山子四糸字

耳七車手十出女小上森人水正生青

夕石赤千川先早草足村大男竹中虫

町天田土二日入年白八百文木本名

目立力林六

学年別漢字配当表（平成29年告示・小学校学習指導要領）より

空

「空」のイメージ

・からっぽ・(何《なに》も)ない

●用語《ようご》のイメージ

空白《くうはく》 何《なに》もなく、まっ白《しろ》。

空腹《くうふく》 おなかがからっぽ。

空間《くうかん》 何《なに》もないところ。

空想《くうそう》 形《かたち》のないことを想像《そうぞう》する。

真空《しんくう》 本当《ほんとう》に何《なに》もないところ。

名

「名」のイメージ

・なまえ・かたち・すぐれた

●用語《ようご》のイメージ

本名《ほんみょう》 本当《ほんとう》のなまえ。

有名《ゆうめい》 なまえをよく知《し》られている。

名《な》ばかり かたちだけ。うわべだけ。中身《なかみ》がない。

名実《めいじつ》 かたちと中身《なかみ》。

名人《めいじん》 すぐれた人《ひと》。

人

「人」のイメージ

・ひと、にんげん

●用語《ようご》のイメージ

人前《ひとまえ》 多《おお》くのひとが見《み》ている前《まえ》。

人影《ひとかげ》 ひとのすがた。

人為《じんい》 にんげんが手《て》を加《くわ》える。

人格《じんかく》 そのひとなりの、ありかた。

達人《たつじん》 高《たか》い能力《のうりょく》をもったひと。

生

「生」のイメージ

・いのち・うまれる・ありのまま

●用語《ようご》のイメージ

生存《せいぞん》 いのちがある。

生得《せいとく》 うまれたときから、もっている。

誕生《たんじょう》 うまれる。

生放送《なまほうそう》 ありのままの放送《ほうそう》。

生身《なまみ》 ありのままの体《からだ》。

★主《おも》な読《よ》み【空】そら/から/あ-く/クウ　【名】な/メイ/ミョウ　【人】ひと/ニン/ジン　【生】い-きる/う-まれる/なま/セイ/ショウ

正

「正」のイメージ
・ただしい ・おもな ・決《き》まり

●用語《ようご》のイメージ

正義《せいぎ》 ただしい。ただしさ。
公正《こうせい》 ただしく、かたよりがない。
正誤《せいご》 ただしいことと、まちがったこと。
正副《せいふく》 おもなものと、ひかえ。メインとサブ。
正規《せいき》 決《き》まったとおりの。

本

「本」のイメージ
・もと ・おもな ・ほんもの

●用語《ようご》のイメージ

基本《きほん》 もとになるもの。
本来《ほんらい》 もともと。あたりまえ。
本質《ほんしつ》 もともとの性質《せいしつ》。おもな性質《せいしつ》。
本業《ほんぎょう》 おもな仕事《しごと》。
本格的《ほんかくてき》 もともとの。ほんものの。

手

「手」のイメージ
・方法《ほうほう》 ・方向《ほうこう》 ・人《ひと》 ・特《とく》にそれ

●用語《ようご》のイメージ

手法《しゅほう》 やりかた。方法《ほうほう》。
手数《てかず》 方法《ほうほう》の数《かず》。
行《ゆ》く手《て》 行《い》く方向《ほうこう》。
書《か》き手《て》 書《か》く人《ひと》。
その手《て》の話《はなし》 特《とく》にそういった話《はなし》。

足

「足」のイメージ
・動《うご》く ・たりる ・たす

●用語《ようご》のイメージ

発足《ほっそく》 動《うご》き始《はじ》める。
雨足《あまあし》 雨《あめ》が、降《ふ》りながら移動《いどう》する。
満足《まんぞく》 十分《じゅうぶん》たりる。
不足《ふそく》 たりない。
補足《ほそく》 つけたす。

★主《おも》な読《よ》み【正】ただ-しい/まさ/セイ/ショウ 【本】もと/ホン 【手】て/シュ 【足】あし/た-す/た-りる/ソク

月　日

点《てん》 ／100点《てん》

1 次《つぎ》の文章中《ぶんしょうちゅう》の――部《ぶ》を別《べつ》の表現《ひょうげん》に言《い》いかえます。あとの□から言葉《ことば》を選《えら》び、（　）に書《か》きなさい。同《おな》じ言葉《ことば》を二度使《にどつか》うことはできません。 3点《てん》×10

クイズ番組《ばんぐみ》で名前《なまえ》が知《し》られているタレント1が、夜《よる》のニュース番組《ばんぐみ》で解説者《かいせつしゃ》をしていた。

「この人《ひと》、ニュースの解説《かいせつ》なんてできるの？」

高校生《こうこうせい》の娘《むすめ》の言葉《ことば》に、父《ちち》が言《い》った。

「ははは。まあね。でも視聴者《しちょうしゃ》は、それらしい雰囲《ふんい》気《き》をもってる人がいれば十分《じゅうぶん》なんだよ2。ほんものの解説《かいせつ》3なんてのは求《もと》めてないからね」

「そうなのかあ。形《かたち》だけの解説者《かいせつしゃ》4ってことね」

「うん。見《み》た目《め》とか、しゃべりがうまいとか、そういうのは、形《かたち》だけ。たとえば戦争《せんそう》のニュースなら、二国間《にこくかん》のこれまでの関係《かんけい》とこれからの変化《へんか》とか、そういう主《しゅ》たる内容《ないよう》5を深《ふか》く、かたよりなく語《かた》れる6人《ひと》じゃないといけないと思《おも》うけどね。と同時《どうじ》に、やっぱり見《み》た目《め》とかしゃべりとかも必要《ひつよう》だから、難《むずか》しいんだろうけどね、番組を作るほうも」

「そんな、形《かたち》も中身《なかみ》も整《ととの》ってる人《ひと》7なんて、なかなかいないよね」

「ははは。そうだね。まあテレビというのは、もともとその程度《ていど》8のものなんだよ。だって、何《なに》か別《べつ》のことをしながらいいかげんに見《み》るのが普通《ふつう》だしね」

「それにしても、いろんな番組《ばんぐみ》に出《で》まくってる人《ひと》って、何《なに》がその人《ひと》の主《おも》な仕事《しごと》9なのかわかりにくいこと多《おお》いよね」

「ははは。まあ特《とく》にそういう人《ひと》10のことを、マルチタレントって呼《よ》ぶわけさ」

1（　　）なタレント

2（　　）なんだよ

3（　　的《てき》）な解説《かいせつ》

4（　　）の解説者《かいせつしゃ》

5（　　的《てき》）な内容《ないよう》

6 （　　）に語《かた》れる

7 （　　）ともにすぐれた人《ひと》

8 （　　）その程度《ていど》

9 その人《ひと》の（　　）

10 （　　）の人《ひと》

名実《めいじつ》	本来《ほんらい》	その手《て》	本質《ほんしつ》	有名《ゆうめい》	
公正《こうせい》	本格《ほんかく》	満足《まんぞく》	本業《ほんぎょう》	名《な》ばかり	

2

次《つぎ》の文章中《ぶんしょうちゅう》の（　　）には、同《おな》じ漢字《かんじ》が一字《いちじ》ずつ入《はい》ります。その漢字《かんじ》を考《かんが》え、（　　）を埋《う》めなさい。

3点《てん》×3

旅人《たびびと》の（行《ゆ》く　）には幅《はば》の広《ひろ》い川《かわ》が流《なが》れており、向《む》こう岸《ぎし》にたどりつくための（　法《ほう》）を考《かんが》えなければならなかった。ボートがあるわけでもなく、（　数《かず》）は限《かぎ》られていた。

3

次《つぎ》の各文中《かくぶんちゅう》の（　　）を埋《う》めるのにふさわしい言葉《ことば》をあとの□から選《えら》び、書《か》き入《い》れなさい。同《おな》じ言葉《ことば》を二度《にど》使《つか》うことはできません。

3点《てん》×5

① 引《ひ》っ越《こ》したあとの部屋《へや》は、だだっ広《ぴろ》く、何《なに》もないただの（　　）だった。

② ファンタジー。それは、実際《じっさい》には存在《そんざい》しない世《せ》界《かい》。言《い》いかえれば、形《かたち》のない（　　）の世《せ》界《かい》だ。

③ （　　）パックになっているので、この食材《しょくざい》は意外《いがい》に長持《ながも》ちしそうだ。

④ 旅行中《りょこうちゅう》、自分《じぶん》の街《まち》が大地震《おおじしん》に見舞《みま》われたと知《し》って、頭《あたま》の中《なか》が（　　）になった。

⑤ 「おなかがからっぽで勉強《べんきょう》したことが頭《あたま》に入《はい》りません、先生《せんせい》」「じゃあ、まず（　　）を満《み》たしなさい。頭《あたま》を満《み》たすのはそれからね」

空想《くうそう》	真空《しんくう》	空腹《くうふく》	空白《くうはく》	空間《くうかん》

4

次《つぎ》の各文中《かくぶんちゅう》の（　）を埋《う》めるのにふさわしい言葉《ことば》をあとの□から選《えら》び、書《か》きなさい。同《おな》じ言葉《ことば》を二度使《にどつか》うことはできません。

3点《てん》×5

① あの人《ひと》の怒《おこ》りっぽさは（　　的《てき》）なものだから、しかたない。

② 今日《きょう》はお父《とう》さんの（　　日《び》）だから、ケーキを買《か》いに行《い》こう。

③ もし紅白歌合戦《こうはくうたがっせん》が（　　）じゃなかったら、あれだけ多《おお》くの人《ひと》が見《み》ることもないだろうね。

④ 防火服《ぼうかふく》を着《き》ていても（　　）の人間《にんげん》なのだから、消防士《しょうぼうし》は命《いのち》がけだ。

⑤ 大地震《おおじしん》が起《お》きて七二時間《ななじゅうにじかん》が経過《けいか》し、行方不明者《ゆくえふめいしゃ》の（　　率《りつ》）が下《さ》がり始《はじ》めている、とテレビで専門家《せんもんか》が話《はな》していた。

誕生《たんじょう》　生存《せいぞん》　生放送《なまほうそう》　生得《せいとく》　生身《なまみ》

5

次《つぎ》の各文中《かくぶんちゅう》の（　）を埋《う》めるのにふさわしい言葉《ことば》をあとの□から選《えら》び、書《か》きなさい。同《おな》じ言葉《ことば》を二度使《にどつか》うことはできません。

3点《てん》×5

① 一度《いちど》や二度問題《にどもんだい》を起《お》こしたからといって、その子《こ》の（　　）を否定《ひてい》してはいけない。

② 運転士《うんてんし》は疲《つか》れていたのだろうか。誰《だれ》もいないはずの回送《かいそう》のバスの中《なか》で、（　　）を見《み》た気《き》がした。

③ エアコンで（　　的《てき》）に生《う》み出《だ》した涼《すず》しさは、自然《しぜん》の涼《すず》しさとはだいぶ違《ちが》っている。

④ （　　）と呼《よ》ばれるレベルの人《ひと》は、高《たか》い才能《さいのう》があるだけではなく、たくさんの努力《どりょく》を重《かさ》ねていることを忘《わす》れてはならない。

⑤ （　　）で話《はな》すのは苦手《にがて》という人《ひと》でも、文章《ぶんしょう》で自分《じぶん》を表現《ひょうげん》することはできるという人《ひと》はいる。

人為《じんい》　人影《ひとかげ》　人前《ひとまえ》　達人《たつじん》　人格《じんかく》

6

次《つぎ》の各説明《かくせつめい》に合《あ》う言葉《ことば》が書《か》かれていますが、一《いち》部《ぶ》が抜《ぬ》けています。それを埋《う》めるのにふさわしい言葉《ことば》をあとの□から選《えら》び、書《か》きなさい。

2点《てん》×4

① 社員《しゃいん》とくらべると、働《はたら》く時間《じかん》や期間《きかん》が短《みじか》かったり、仕事内容《しごとないよう》が限《かぎ》られていたり、給与《きゅうよ》が低《ひく》かったりする雇用形態《こようけいたい》。

→ 非《ひ》＿＿＿＿雇用《こよう》

② 間違《まちが》った情報《じょうほう》と、それを直《なお》した正《ただ》しい情報《じょうほう》とを並《なら》べて一覧《いちらん》にしたもの。

→ ＿＿＿＿表《ひょう》

③ ウルトラマン、アンパンマン、アイアンマン、スーパーマンなどなど。

→ ＿＿＿＿の味方《みかた》

④ 班長《はんちょう》と副班長《ふくはんちょう》、校長《こうちょう》と副校長《ふくこうちょう》、社長《しゃちょう》と副社長《ふくしゃちょう》などなど。

→ ＿＿＿＿リーダー

正義《せいぎ》　正副《せいふく》　正規《せいき》　正誤《せいご》

7

次《つぎ》の各文《かくぶん》をまとめます。（　）を埋《う》めるのにふさわしい言葉《ことば》をあとの□から選《えら》び、書《か》きなさい。同《おな》じ言葉《ことば》は二度《にど》は使《つか》えません。

2点《てん》×4

① 急《きゅう》に降《ふ》り始《はじ》めた雨《あめ》だったが、数分《すうふん》もすると日差《ひざ》しが出始《ではじ》め、黒《くろ》い雲《くも》は遠《とお》ざかっていった。

→（　　）が遠《とお》のいていった話《はなし》。

② この中学《ちゅうがく》には長《なが》い間《あいだ》、囲碁部《いごぶ》がなかったが、今《こ》年《とし》から「同好会《どうこうかい》」として正式《せいしき》にスタートした。

→ 囲碁同好会《いごどうこうかい》が（　　）した話《はなし》。

③「ただし」「なお」といった言葉《ことば》は、その前《まえ》の内《ない》容《よう》に情報《じょうほう》をつけ加《くわ》える働《はたら》きをする。

→ 情報《じょうほう》を（　　）する表現《ひょうげん》の話《はなし》。

④ ボクシングで不敗神話《ふはいしんわ》を築《きず》いているチャンピオンは、次《つぎ》の挑戦者《ちょうせんしゃ》について耳《みみ》にした。他《た》の格闘技《かくとうぎ》で無敗《むはい》の男《おとこ》がボクシングに転向《てんこう》したらしい。チャンピオンは言《い》った。「十分《じゅうぶん》な相手《あいて》だ」

→ 相手《あいて》に（　　）はない、という話《はなし》。

不足《ふそく》　発足《ほっそく》　雨足《あまあし》　補足《ほそく》

解答《かいとう》

①
1 有名《ゆうめい》　2 満足《まんぞく》　3 本格《ほんかく》(的《てき》)
4 名《な》ばかり　5 本質《ほんしつ》(的《てき》)　6 公正《こうせい》
7 名実《めいじつ》　8 本来《ほんらい》　9 本業《ほんぎょう》　10 その手《て》

② (行《ゆ》く)手《て》、手《しゅ》(法《ほう》)、手《て》(数《かず》)

③ ①空間《くうかん》　②空想《くうそう》　③真空《しんくう》
④空白《くうはく》　⑤空腹《くうふく》

④ ①生得《せいとく》(的《てき》)　②誕生《たんじょう》(日《び》)
③生放送《なまほうそう》　④生身《なまみ》　⑤生存《せいぞん》

⑤ ①人格《じんかく》　②人影《ひとかげ》　③人為《じんい》(的《てき》)
④達人《たつじん》　⑤人前《ひとまえ》

⑥ ①正規《せいき》　②正誤《せいご》　③正義《せいぎ》　④正副《せいふく》

⑦ ①雨足《あまあし》　②発足《ほっそく》　③補足《ほそく》　④不足《ふそく》

解説《かいせつ》

① 4「解説者《かいせつしゃ》とは名《な》ばかり」とも表現《ひょうげん》できます。
5「本質《ほんしつ》」とは、「主《おも》な/主《しゅ》たる」「中心的《ちゅうしんてき》な」「重《じゅう》要《よう》な」といったイメージをもちます。
7「名実《めいじつ》」の「実《じつ》」については、63ページも参照《さんしょう》。

---

② 13ページでおさらいしましょう。

③ ②「空想《くうそう》」の「想《そう》」については83ページも参照《さんしょう》してください。

④ ①「生得的《せいとくてき》」は「先天的《せんてんてき》」ともイメージが似《に》ています(94ページ参照《さんしょう》)。

⑤ ①「人格《じんかく》」という言葉《ことば》は、プラスのイメージで使《つか》われることが多《おお》い言葉《ことば》です。「人格者《じんかくしゃ》」と言《い》えば、すぐれた人格《じんかく》をもつ人《ひと》、というイメージになります。
③「自然《しぜん》」の反対語《はんたいご》というと「人工《じんこう》」が浮《う》かぶ人《ひと》が多《おお》いと思《おも》いますが、「人為《じんい》」も大切《たいせつ》な反対語《はんたいご》です。覚《おぼ》えておきましょう(144ページ参照《さんしょう》)。

⑦ ①「雨足《あまあし》」というのは、線《せん》のように降《ふ》ってくる雨《あめ》そのものを指《さ》すこともあれば、この問題《もんだい》のように、通《とお》り過《す》ぎる様子《ようす》を指《さ》すこともあります。「雨脚《あまあし》」とも書《か》きます。
④「相手《あいて》に不足《ふそく》はない」という表現《ひょうげん》はよく使《つか》われます。「相手《あいて》として十分《じゅうぶん》だ」という意味《いみ》です。

2年生《ねんせい》の漢字《かんじ》

第《だい》2学年《がくねん》（160字《じ》）

引羽雲園遠何科夏家歌画回会海絵外角楽活
間丸岩顔汽記帰弓牛魚京強教近兄形計元言
原戸古午後語工公広交光考行高黄合谷国黒
今才細作算止市矢姉思紙寺自時室社弱首秋
週春書少場色食心新親図数西声星晴切雪船
線前組走多太体台地池知茶昼長鳥朝直通弟
店点電刀冬当東答頭同道読内南肉馬売買麦
半番父風分聞米歩母方北毎妹万明鳴毛門夜
野友用曜来里理話

学年別漢字配当表（平成29年告示・小学校学習指導要領）より

直

「直」のイメージ
・まっすぐ・すぐ・じかに

●用語《ようご》のイメージ

直線《ちょくせん》 まっすぐな線《せん》。
正直《しょうじき》 うそがなく、まっすぐ。
直後《ちょくご》 すぐあと。
直接《ちょくせつ》 じかに（間《あいだ》になにもはさまずに）接《せっ》する。
直《なお》**す** もとの状態《じょうたい》（まっすぐな状態《じょうたい》）に戻《もど》す。

作

「作」のイメージ
・つくる・する・うごく

●用語《ようご》のイメージ

作品《さくひん》 つくられた品物《しなもの》。
著作《ちょさく》 つくられた書物《しょもつ》。本《ほん》。
作法《さほう》 何《なに》かをする方法《ほうほう》。マナー。
動作《どうさ》 うごく。うごき。
作為《さくい》 わざとする。

言

「言」のイメージ
・言《い》う・ことば

●用語《ようご》のイメージ

言語《げんご》 ことば。
言及《げんきゅう》 言《い》いおよぶ。それについて言《い》う。
断言《だんげん》 言《い》い切《き》る。
伝言《でんごん》 言《い》って伝《つた》える。
過言《かごん》 言《い》いすぎ。

野

「野」のイメージ
・広《ひろ》い土地《とち》・範囲《はんい》・中心《ちゅうしん》の外《そと》

●用語《ようご》のイメージ

平野《へいや》 平《たい》らな広《ひろ》い土地《とち》。
視野《しや》 見《み》える範囲《はんい》。
分野《ぶんや》 分《わ》けられた範囲《はんい》。
野党《やとう》 中心《ちゅうしん》の外《そと》にある党《とう》。政権《せいけん》の座《ざ》にない党《とう》。
在野《ざいや》 公的《こうてき》・中心的《ちゅうしんてき》な立場《たちば》の外《そと》にいる。

★主《おも》な読《よ》み【直】なお-す/ただ-ちに/チョク/ジキ　【作】つく-る/サク/サ　【言】い-う/こと/ゲン/ゴン　【野】の/ヤ

明

「明」のイメージ

・あかるい・はっきり・くわしい

●用語《ようご》のイメージ

照明《しょうめい》 あかるく照《て》らすもの。

明白《めいはく》 はっきりしている。

説明《せつめい》 はっきりわかるように言《い》う。

判明《はんめい》 はっきりわかる。

○○に明《あか》るい ○○にくわしい。

光

「光」のイメージ

・ひかり・かがやかしい・けしき

●用語《ようご》のイメージ

月光《げっこう》 月《つき》のひかり。

栄光《えいこう》 誇《ほこ》らしく、かがやかしい。

光栄《こうえい》 自分《じぶん》をみとめられて、かがやかしい。

光景《こうけい》 けしき。

観光《かんこう》 けしきなどを見《み》て回《まわ》る。

頭

「頭」のイメージ

・あたま・初《はじ》め・先《さき》・上《うえ》・トップ

●用語《ようご》のイメージ

頭痛《ずつう》 あたまが痛《いた》い。

頭角《とうかく》を現《あらわ》す 才能《さいのう》がみんなを上回《うわまわ》る。

冒頭《ぼうとう》 初《はじ》め。

教頭《きょうとう》 (授業《じゅぎょう》をする教員《きょういん》らの)トップ。

念頭《ねんとう》におく あたまの中《なか》で先《さき》にイメージする。

首

「首」のイメージ

・くび・上《うえ》・中心《ちゅうしん》・前《まえ》・リーダー

●用語《ようご》のイメージ

首輪《くびわ》 くびにつける輪《わ》。

首位《しゅい》 最上位《さいじょうい》。

首都《しゅと》 中心《ちゅうしん》になる都市《とし》。

船首《せんしゅ》 船《ふね》の最《もっと》も前《まえ》の部分《ぶぶん》。

首長《しゅちょう》 リーダー。

★主《おも》な読《よ》み【明】あか-るい/あき-らか/あ-ける/あ-かす/メイ/ミョウ　【光】ひか-る/ひかり/コウ
【頭】あたま/かしら/トウ/ズ　【首】くび/シュ

二年生《にねんせい》の漢字《かんじ》問題《もんだい》

月　日

点《てん》

／100点《てん》

全問《ぜんもん》できて＋2点《てん》

1 次《つぎ》の文章中《ぶんしょうちゅう》の——部《ぶ》を別《べつ》の表現《ひょうげん》に言《い》いかえます。あとの□から言葉《ことば》を選《えら》び、（　）に書《か》きなさい。同《おな》じ言葉《ことば》を二度使《にどつか》うことはできません。

3点《てん》×5

① 定規《じょうぎ》を使《つか》って、まっすぐな線《せん》を引《ひ》きます。　（　　）

② 生《う》まれて初《はじ》めて、雪《ゆき》をじかに触《さわ》った子《こ》。　（　　）

③ ホームズが建物《たてもの》を出《で》たそのすぐあとに、建物内《たてものない》で爆発《ばくはつ》が起《お》こった。　（　　）

④ まっすぐな性格《せいかく》なのはよいことだが、うそも方便《ほうべん》、と言《い》うからなあ。　（　　）

⑤ 厳《きび》しい現実《げんじつ》を、まっすぐ見《み》ることが大切《たいせつ》だ。　（　　）する

直視《ちょくし》　直接《ちょくせつ》　直後《ちょくご》　正直《しょうじき》　直線《ちょくせん》

2 次《つぎ》の文章中《ぶんしょうちゅう》の——部《ぶ》を別《べつ》の表現《ひょうげん》に言《い》いかえます。あとの□から言葉《ことば》を選《えら》び、（　）に書《か》きなさい。同《おな》じ言葉《ことば》を二度使《にどつか》うことはできません。

3点《てん》×5

① 動《うご》くかどうかの確認《かくにん》のため、夏前《なつまえ》は、エアコンを試運転《しうんてん》してみましょう。　（確認《かくにん》）

② 恋愛《れんあい》をうわさされていたアイドルが、テレビで初《はじ》めて、そのことについて話《はな》した。　そのことに（　　）した

③ あのクイズ王《おう》の青年《せいねん》は、歩《ある》く百科事典《ひゃっかじてん》と言《い》っても言《い》いすぎではない。　（　　）ではない

④ 中学生《ちゅうがくせい》になって、見《み》える範囲《はんい》が広《ひろ》がったらしいよ。　（　　）

⑤ ドラマは初《はじ》めから緊張感《きんちょうかん》に包《つつ》まれていた。　（　　）から

視野《しや》　過言《かごん》　冒頭《ぼうとう》　言及《げんきゅう》　動作《どうさ》

3 次《つぎ》の文章中《ぶんしょうちゅう》の――部《ぶ》を別《べつ》の表現《ひょうげん》に言《い》いかえます。あとの□から言葉《ことば》を選《えら》び、（　）に書《か》きなさい。同《おな》じ言葉《ことば》を二度使《にどつか》うことはできません。

3点《てん》×5

① 証拠《しょうこ》が見《み》つかっているのだから、あの男《おとこ》が犯人《はんにん》であることははっきりしている。

（　）だ

② 私《わたし》はこの町《まち》に二〇年《にじゅうねん》も住《す》んでいるので、地理《ちり》にくわしいですよ。

地理《ちり》に（　）

③ 経験《けいけん》の浅《あさ》い私《わたし》に、責任《せきにん》の重《おも》い仕事《しごと》を与《あた》えていただき、とてもかがやかしい思《おも》いです。

（　）です

④ 大地震《おおじしん》の被災地《ひさいち》を訪《おとず》れたとき目《め》にした景色《けしき》は、驚《おどろ》くべきものだった。

（　）

⑤ 彼《かれ》はうそをついていないということがはっきりした。

（　）した

明《あか》るい　明白《めいはく》　光景《こうけい》　判明《はんめい》　光栄《こうえい》

4 次《つぎ》の文章中《ぶんしょうちゅう》の――部《ぶ》を別《べつ》の表現《ひょうげん》に言《い》いかえます。あとの□から言葉《ことば》を選《えら》び、（　）に書《か》きなさい。同《おな》じ言葉《ことば》を二度使《にどつか》うことはできません。

2点《てん》×6

① ベイスターズはついにセ・リーグでトップの順《じゅん》位《い》になった。

（　）

② 総理大臣《そうりだいじん》は国《くに》の、知事《ちじ》は都道府県《とどうふけん》の、リーダーである。

（　）

③ 彼《かれ》はあの銀行《ぎんこう》のトップに就任《しゅうにん》した。

（　）

④ 相手《あいて》はまだ低学年《ていがくねん》の子《こ》たちだということを、いつも頭《あたま》の中《なか》にイメージしておくように。

（　）におく

⑤ 新入社員一五人《しんにゅうしゃいんじゅうごにん》の中《なか》で彼女《かのじょ》は抜《ぬ》きん出《で》た能力《のうりょく》を見《み》せている。

（　）を現《あらわ》している

⑥ 東京《とうきょう》は日本《にほん》の中心都市《ちゅうしんとし》である。

（　）

念頭《ねんとう》　首都《しゅと》　頭取《とうどり》　首位《しゅい》　首長《しゅちょう》　頭角《とうかく》

5 次《つぎ》の各文《かくぶん》をまとめます。（　）を埋《う》めるのにふさわしい言葉《ことば》をあとの□から選《えら》び、書《か》きなさい。同《おな》じ言葉《ことば》を二度使《にどつか》うことはできません。

2点《てん》×9

① 独自《どくじ》に作《つく》られた書物《しょもつ》などには、無断《むだん》で複製《ふくせい》されないようにするための法律《ほうりつ》がある。

↓（　　　権法《けんほう》）の話《はなし》。

② サイコロ、ルーレット、くじびきなどは、わざと結果《けっか》をコントロールするようなことはできないものである。

↓ サイコロ、ルーレット、くじびきなどは、（無《む》　　　）に結果《けっか》が出《で》るものだ。

③ 高級《こうきゅう》レストランなどで食事《しょくじ》をする際《さい》には、それ相応《そうおう》の手順《てじゅん》や方法《ほうほう》、マナーといったものがある。

↓ 食事《しょくじ》の際《さい》の（　　　）の話《はなし》。

④ 文学《ぶんがく》、哲学《てつがく》、政治《せいじ》、法律《ほうりつ》など、ひとくちに文系《ぶんけい》といっても扱《あつか》う範囲《はんい》はさまざまに分《わ》けられている。

↓ 文系《ぶんけい》にもさまざまな（　　　）がある。

⑤ 公立学校教師《こうりつがっこうきょうし》が辞職《じしょく》して塾《じゅく》を開《ひら》く際《さい》には、公的《こうてき》な立場《たちば》を外《はず》れることへの前向《まえむ》きな意志《いし》が必要《ひつよう》だ。

↓（　　　）の精神《せいしん》が必要《ひつよう》だという話《はなし》。

⑥ 政治《せいじ》において、中心的《ちゅうしんてき》な党《とう》、すなわち与党《よとう》はその数《かず》が少《すく》ないものだが、中心《ちゅうしん》ではない党《とう》については、数多《かずおお》くの党《とう》が存在《そんざい》する。

↓（　　　）は数《かず》が多《おお》いという話《はなし》。

⑦ 私《わたし》は、言葉《ことば》を研究《けんきゅう》する学問《がくもん》を勉強《べんきょう》したい。

↓（　　　学《がく》）を学《まな》びたいという話《はなし》。

⑧ 思《おも》い込《こ》みでいろいろと言《い》い切《き》ってしまうと、あとで取《と》り返《かえ》しがつかなくなるよ。

↓（　　　）しないほうがいいという話《はなし》。

⑨ 同《おな》じ文《ぶん》であっても一〇人《じゅうにん》ほどに次々伝《つぎつぎつた》えていくと、最後《さいご》にはだいぶ違《ちが》う文《ぶん》になってしまうよね。

↓（　　　）ゲームは難《むずか》しいという話《はなし》。

在野《ざいや》	伝言《でんごん》	作法《さほう》	野党《やとう》	著作《ちょさく》
分野《ぶんや》	作為《さくい》	言語《げんご》	断言《だんげん》	

6

次《つぎ》の各文中《かくぶんちゅう》の（　）を埋《う》めるのにふさわしい言葉《ことば》をあとの□から選《えら》び、書《か》きなさい。同《おな》じ言葉《ことば》を二度使《にどつか》うことはできません。

3点《てん》×5

① 山間部《さんかんぶ》では雨《あめ》、（　　部《ぶ》）でも所《ところ》により雨《あめ》が降《ふ》るでしょう、と予報《よほう》で言《い》っていた。

② 修学旅行《しゅうがくりょこう》と（　　旅行《りょこう》）とでは目的《もくてき》が違《ちが》うはずだが、結局《けっきょく》は似《に》たようなものかもしれない。

③ まだ三〇代《さんじゅうだい》の新人作家《しんじんさっか》ではあるが、文学賞《ぶんがくしょう》を受《じゅ》賞《しょう》したことで、一躍《いちやく》（　　）を浴《あ》びた。

④ 映画《えいが》タイタニックで最《もっと》も有名《ゆうめい》なシーンは、タイタニック号《ごう》の（　　）に二人《ふたり》で立《た》つシーンだ。

⑤ 実際《じっさい》のところ、学校《がっこう》で最《もっと》も忙《いそが》しいのは、校長《こうちょう》というよりも（　　）である。

観光《かんこう》　脚光《きゃっこう》　船首《せんしゅ》　教頭《きょうとう》　平野《へいや》

7

次《つぎ》の各文《かくぶん》の――部《ぶ》を熟語《じゅくご》を用《もち》いて言《い》いかえます。それぞれの（　）を埋《う》めるのにふさわしい二《に》字熟語《じじゅくご》を考《かんが》え、書《か》きなさい。

2点《てん》×4

① しりとりをしているとき、一度誰《いちどだれ》かが言《い》った言《こと》葉《ば》を二度言《にどい》わないように一時的《いちじてき》に覚《おぼ》えておくような記憶《きおく》のことを、ワーキングメモリーと言《い》う。

→（　　記憶《きおく》）

② 手紙《てがみ》を友《とも》だちに渡《わた》してもらうとか、そんな遠回《とおまわ》しな方法《ほうほう》をとらずに、ストレート勝負《しょうぶ》で言《い》っちゃいなよ、「好《す》きだ」って。

→（　　勝負《しょうぶ》）

③ このライト、電池切《でんちぎ》れでつかないみたいだよ。

→（　　器具《きぐ》）

④ 音楽《おんがく》には、ポップス、ロック、ジャズ、クラシックなどなど、多《おお》くのジャンルがある。

→（　　）

解答《かいとう》　⑦は例《れい》

❶ ①直線《ちょくせん》　②直接《ちょくせつ》　③直後《ちょくご》　④正直《しょうじき》　⑤直視《ちょくし》

❷ ①動作《どうさ》（確認《かくにん》）　②言及《げんきゅう》
③過言《かごん》　④視野《しや》　⑤冒頭《ぼうとう》

❸ ①明白《めいはく》　②明《あか》るい　③光栄《こうえい》　④光景《こうけい》　⑤判明《はんめい》

❹ ①首位《しゅい》　②首長《しゅちょう》　③頭取《とうどり》
④念頭《ねんとう》　⑤頭角《とうかく》　⑥首都《しゅと》

❺ ①著作《ちょさく》（権法《けんぽう》）　②（無《む》）作為《さくい》
③作法《さほう》　④分野《ぶんや》　⑤在野《ざいや》　⑥野党《やとう》
⑦言語《げんご》（学《がく》）　⑧断言《だんげん》　⑨伝言《でんごん》

❻ ①平野《へいや》（部《ぶ》）　②観光《かんこう》（旅行《りょこう》）
③脚光《きゃっこう》　④船首《せんしゅ》　⑤教頭《きょうとう》

❼ ①作業《さぎょう》（記憶《きおく》）　②直球《ちょっきゅう》（勝負《しょうぶ》）
③照明《しょうめい》（器具《きぐ》）　④分野《ぶんや》

解説《かいせつ》

❶ ⑤「直視《ちょくし》」は20ページの例《れい》に入《い》れていませんが、よく使《つか》う言葉《ことば》です（53ページ参照《さんしょう》）。「驚《おどろ》いて相手《あいて》の目《め》を直視《ちょくし》する」などと、実際《じっさい》に何《なに》かを見《み》るときにも使《つか》いますし、⑤の「現実《げんじつ》を直視《ちょくし》する」のように、形《かたち》のないものごとにまっすぐ向《む》き合《あ》うようなイメージでも使《つか》います。

❷ ④「視野《しや》」も、今述《いまの》べた「直視《ちょくし》」と同様《どうよう》、具体《ぐたい》的《てき》に見《み》える範囲《はんい》を表《あらわ》すこともありますし、今回《こんかい》の「中学生《ちゅうがくせい》になって視野《しや》が広《ひろ》がった」のように、抽象《ちゅうしょう》的《てき》な意味《いみ》で用《もち》いることもあります。この例《れい》は、「中《ちゅう》学生《がくせい》になって、ものごとを広《ひろ》くとらえられるようになった」という意味《いみ》です。

❸ ②「～にくわしい」という意味《いみ》で用《もち》いる「～に明《あか》るい」という表現《ひょうげん》をよく覚《おぼ》えておきましょう。

❹「首《くび》」も「頭《あたま》」も似《に》たイメージですが、「首長《しゅちょう》」「頭取《とうどり》」など、さまざまに使《つか》い分《わ》けます。

❺ ⑤「在野《ざいや》の精神《せいしん》」は難《むずか》しいですが、「公《おおやけ》」の権《けん》力《りょく》に対《たい》する批判精神《ひはんせいしん》のようなイメージです。

❼ 英語《えいご》・外来語《がいらいご》を漢語《かんご》に言《い》いかえます。①は「短《たん》期記憶《ききおく》」とも呼《よ》ばれますが、基本的《きほんてき》には「ワーキング」のイメージ（仕事《しごと》、作業《さぎょう》）をもとに考《かんが》えます。
④「分類《ぶんるい》」「種別《しゅべつ》」なども可《か》。

3年生《ねんせい》の漢字《かんじ》

第《だい》3学年《がくねん》（200字《じ》）

悪安暗医委意育員院飲運泳駅央横屋温化荷
界開階寒感漢館岸起期客究急級宮球去橋業
曲局銀区苦具君係軽血決研県庫湖向幸港号
根祭皿仕死使始指歯詩次事持式実写者主守
取酒受州拾終習集住重宿所暑助昭消商章勝
乗植申身神真深進世整昔全相送想息速族他
打対待代第題炭短談着注柱丁帳調追定庭笛
鉄転都度投豆島湯登等動童農波配倍箱畑発
反坂板皮悲美鼻筆氷表秒病品負部服福物平
返勉放味命面問役薬由油有遊予羊洋葉陽様
落流旅両緑礼列練路和

学年別漢字配当表（平成29年告示・小学校学習指導要領）より

動

「動」のイメージ
・うごく・変化《へんか》する

●用語《ようご》のイメージ

自動《じどう》　みずからうごく。勝手《かって》にうごく。
感動《かんどう》　心《こころ》がうごく。心《こころ》が変化《へんか》する。
動向《どうこう》　変化《へんか》の方向《ほうこう》。
動機《どうき》　変化《へんか》のきっかけ。
機**動**力《きどうりょく》　機会《きかい》に応《おう》じてすばやくうごく力《ちから》。

定

「定」のイメージ
・決《き》まる・変化《へんか》しない

●用語《ようご》のイメージ

安**定**《あんてい》　落《お》ち着《つ》いていて、変化《へんか》しない。
固**定**《こてい》　うごかず、変化《へんか》しない。
定着《ていちゃく》　決《き》まったところに落《お》ち着《つ》く。
定義《ていぎ》　決《き》まった意味《いみ》。
定石《じょうせき》　最《もっと》もすぐれた、決《き》まった手順《てじゅん》。

相

「相」のイメージ
・目《め》に映《うつ》る・互《たが》いに

●用語《ようご》のイメージ

人**相**《にんそう》　目《め》に映《うつ》る顔《かお》。
相談《そうだん》　互《たが》いに話《はな》し合《あ》う。
相対《そうたい》　互《たが》いにくらべる。
相違点《そういてん》　互《たが》いに違《ちが》う点《てん》。
相性《あいしょう》　互《たが》いに気《き》が合《あ》うかどうか。

対

「対」のイメージ
・向《む》き合《あ》う・逆《ぎゃく》・くらべる

●用語《ようご》のイメージ

反**対**《はんたい》　逆《ぎゃく》。
絶**対**《ぜったい》　向《む》き合《あ》うものがない。
対立《たいりつ》　向《む》き合《あ》って互《たが》いに自己主張《じこしゅちょう》する。
対応《たいおう》　向《む》き合《あ》って応《おう》じる。
対比《たいひ》　くらべる。

★主《おも》な読《よ》み【動】うご-く/ドウ　【定】さだ-める/テイ/ジョウ　【相】あい/ソウ/ショウ　【対】タイ/ツイ

暗

「暗」のイメージ
・見《み》ない・言《い》わない・知《し》られない

●用語《ようご》のイメージ

暗唱《あんしょう》 見《み》ないで言《い》える。
暗記《あんき》 見《み》ないで言《い》える。
暗示《あんじ》 それと知《し》られないように示《しめ》す。
暗号《あんごう》 他人《たにん》に知《し》られない記号《きごう》。
暗黙《あんもく》 口《くち》に出《だ》して言《い》わない。

着

「着」のイメージ
・つく・はなれない・安定《あんてい》

●用語《ようご》のイメージ

密着《みっちゃく》 ぴったりついて、はなれない。
執着《しゅうちゃく》 とらわれて、はなれない。
決着《けっちゃく》 決《き》まりがついて、安定《あんてい》する。
沈着《ちんちゃく》 安定《あんてい》しており動《どう》じない。
着実《ちゃくじつ》 安定感《あんていかん》がある。

世

「世」のイメージ
・社会《しゃかい》・人々《ひとびと》の住《す》むところ、時代《じだい》

●用語《ようご》のイメージ

世界《せかい》 人々《ひとびと》の住《す》む社会全体《しゃかいぜんたい》。
世間《せけん》 一般《いっぱん》の人々《ひとびと》の住《す》む社会《しゃかい》。
出世《しゅっせ》 社会《しゃかい》に出《で》て地位《ちい》を得《え》る。
世渡《よわた》り 社会《しゃかい》で生活《せいかつ》していく。
世論《よろん》 社会《しゃかい》に住《す》む人々《ひとびと》の意見《いけん》。

受

「受」のイメージ
・うける・される、させられる

●用語《ようご》のイメージ

受信《じゅしん》 情報《じょうほう》をうける。
受理《じゅり》 うけとって処理《しょり》する。
受動的《じゅどうてき》 させられるまでしない。
受講《じゅこう》 講義《こうぎ》をうける。
感受《かんじゅ》 心《こころ》でうけとめる。

★主《おも》な読《よ》み【暗】くら-い/アン 【着】き-る/つ-く/チャク/ジャク 【世】よ/セイ/セ 【受】う-ける/ジュ

三年生《さんねんせい》の漢字《かんじ》問題《もんだい》

月　日

点《てん》

／100点《てん》

全問《ぜんもん》できて＋1点《てん》

1

次《つぎ》の文章中《ぶんしょうちゅう》の——部《ぶ》を別《べつ》の表現《ひょうげん》に言《い》いかえます。あとの□から言葉《ことば》を選《えら》び、（　）に書《か》きなさい。同《おな》じ言葉《ことば》を二度使《にどつか》うことはできません。

3点《てん》×5

① 人間《にんげん》の演奏《えんそう》と違《ちが》い、機械《きかい》の演奏《えんそう》は音《おと》の大《おお》きさや高低《こうてい》が変化《へんか》することがない。

（　　　　）する

② 新《あたら》しいクラスになって一ヶ月《いっげつ》。ようやく、クラスのルールも決《き》まったところに落《お》ち着《つ》いた。

（　　　　）した

③ シーズン当初《とうしょ》は流動的《りゅうどうてき》だったチームの出場《しゅつじょう》メンバーも、今《いま》は変動《へんどう》しなくなっている。

（　　　　）されている

④ 犯罪捜査《はんざいそうさ》にも、最《もっと》もすぐれた手順《てじゅん》が存在《そんざい》する。

（　　　　）が存在《そんざい》する

⑤ 文章《ぶんしょう》を読《よ》むときは、言葉《ことば》の意味《いみ》をどのように決《き》めているのかについて注意《ちゅうい》する必要《ひつよう》がある。

言葉《ことば》の（　　　　）について

固定《こてい》　定義《ていぎ》　安定《あんてい》　定石《じょうせき》　定着《ていちゃく》

2

次《つぎ》の文章中《ぶんしょうちゅう》の——部《ぶ》を別《べつ》の表現《ひょうげん》に言《い》いかえます。あとの□から言葉《ことば》を選《えら》び、（　）に書《か》きなさい。同《おな》じ言葉《ことば》を二度使《にどつか》うことはできません。

3点《てん》×5

① 立候補《りっこうほ》しようと思《おも》い立《た》ったきっかけは、どのようなことでしたか。

立候補《りっこうほ》の（　　　　）

② 事件現場《じけんげんば》での取材《しゅざい》においては、状況《じょうきょう》に応《おう》じてすばやく行動《こうどう》を変《か》える力《ちから》が求《もと》められる。

（　　　　）

③ テレビCMは社会《しゃかい》の人々《ひとびと》が何《なに》を好《この》み、あるいは嫌《きら》っているか、その変化《へんか》の方向《ほうこう》をいつも見定《みさだ》めながら制作《せいさく》されている。

（　　　　）

④ 映画《えいが》を観《み》て最《もっと》も心《こころ》が動《うご》くのは一回目《いっかいめ》だろう。二《に》回《かい》、三回《さんかい》と観《み》るうちにそれは薄《うす》れ、今度《こんど》は頭《あたま》が働《はたら》き出《だ》す。つまり解釈《かいしゃく》が深《ふか》まるのだ。

（　　　）する

⑤ このドア、手動《しゅどう》だと思《おも》ったら勝手《かって》に動《うご》いたのでびっくりしたわ。

（　　　）だった

動機《どうき》　感動《かんどう》　自動《じどう》　動向《どうこう》　機動力《きどうりょく》

3

次《つぎ》の文章中《ぶんしょうちゅう》の――部《ぶ》を別《べつ》の表現《ひょうげん》に言《い》いかえます。あとの□から言葉《ことば》を選《えら》び、（　）に書《か》きなさい。同《おな》じ言葉《ことば》を二度使《にどつか》うことはできません。

3点《てん》×5

① みんなの目《め》に映《うつ》る僕《ぼく》の顔《かお》って、そんなに笑《わら》ってるような感《かん》じですか？　今《いま》なんて、イライラしてるんですけど、笑《わら》ってるみたいですか？

僕《ぼく》の（　　　）

② 以前《いぜん》の曲《きょく》と今回《こんかい》の新曲《しんきょく》。たしかに似《に》ているところもあるけれど、両者《りょうしゃ》の違《ちが》いがわからないようでは、ファン失格《しっかく》だよ。

（　　　）点《てん》

③ 新《あたら》しいチームで不慣《ふな》れですが、仲間《なかま》と互《たが》いに話《はな》し合《あ》いながらよりよいチームにしていければ、と思《おも》っています。

（　　　）しながら

④ いろいろな選手《せんしゅ》の成績《せいせき》をくらべてみると、一番《いちばん》強《つよ》いと思《おも》っていた選手《せんしゅ》よりもさらに強《つよ》い選手《せんしゅ》がいることがわかった。

（　　　）的《てき》にみると

⑤ 教師《きょうし》と生徒《せいと》、医師《いし》と患者《かんじゃ》、など、人《ひと》と人《ひと》の関係《かんけい》には、気《き》が合《あ》うかどうかの問題《もんだい》がついてまわる。

（　　　）

相違《そうい》　相対《そうたい》　人相《にんそう》　相性《あいしょう》　相談《そうだん》

4 次《つぎ》の各文《かくぶん》をまとめます。（　　）を埋《う》めるのにふさわしい言葉《ことば》をあとの□から選《えら》び、書《か》きなさい。同《おな》じ言葉《ことば》を二度《にど》使《つか》うことはできません。

3点《てん》×10

① 人名《じんめい》、駅名《えきめい》、地名等々《ちめいとうとう》、それを「覚《おぼ》えている」というのは、何《なに》も見《み》ないでその情報《じょうほう》を再現《さいげん》できるということを意味《いみ》する。

↓（　　）とはどういうことかについての説明《せつめい》。

② 国語《こくご》の設問《せつもん》で「五〇字以内《ごじゅうじいない》で述《の》べよ」とあったら二〇字程度《にじゅうじていど》でもいいのかと言《い》うと、それはだめだ。四五字《よんじゅうごじ》を超《こ》えるのが理想《りそう》だ。はっきりと書《か》かれていなくても、それは決《き》まりのようなものだ。

↓読解設問《どっかいせつもん》の字数指定《じすうしてい》には（　　）の了解《りょうかい》があるという話《はなし》。

③ 衣料品売《いりょうひんう》り場《ば》で店員《てんいん》に「靴下《くつした》はどこですか」と聞《き》いたら、「あちらです」と指差《ゆびさ》すだけだった。普通《ふつう》は、売《う》り場《ば》に客《きゃく》を連《つ》れて行《い》って「こちらです」と言《い》うべきだろう。

↓店員《てんいん》の（　　）が悪《わる》かったという話《はなし》。

④ 父《ちち》は俺《おれ》が正《ただ》しいと言《い》い、母《はは》は私《わたし》が正《ただ》しいと言《い》う。このままでは、らちがあかない。

↓夫婦間《ふうふかん》で意見《いけん》が（　　）したままであるという話《はなし》。

⑤ 日本人《にほんじん》は、「みんな違《ちが》って、みんないい」という思想《しそう》を大事《だいじ》にしているが、そういう言《い》い方《かた》ばかりしていると、「これこそが正《ただ》しい」というような理想像《りそうぞう》を描《えが》く機会《きかい》を失《うしな》うかもしれない。

↓相対性《そうたいせい》ばかり重視《じゅうし》すると、（　　的《てき》）な理想《りそう》を描《えが》けなくなる、という話《はなし》。

⑥ 青系《あおけい》と黄色系《きいろけい》、緑系《みどりけい》と赤系《あかけい》などの色《いろ》の組《く》み合《あ》わせは、互《たが》いに逆《ぎゃく》のイメージがあり、デザインとしてセットで用《もち》いられることもある。

↓デザインとして（　　色《しょく》）が用《もち》いられることもある、という話《はなし》。

⑦ 昨日《きのう》は気温《きおん》が三〇度《さんじゅうど》だったが、今日《きょう》は二五度《にじゅうごど》だった——この文《ぶん》は、気温《きおん》の観点《かんてん》でくらべられている。

→ この文《ぶん》は、気温《きおん》の観点《かんてん》で（　　）されているということ。

⑧ 小説《しょうせつ》というのは、人物《じんぶつ》の心情《しんじょう》や性格《せいかく》をはっきりと示《しめ》すことを避《さ》け、あえて読者《どくしゃ》にさとられにくい表現《ひょうげん》で伝《つた》えようとすることが多《おお》い。

→ 小説《しょうせつ》では人物《じんぶつ》の心情《しんじょう》や性格《せいかく》が（　　）されていることが多《おお》いという話《はなし》。

⑨ 何《なん》としても自分《じぶん》の記録《きろく》をあと一秒縮《いちびょうちぢ》める、と言《い》い続《つづ》け、数字《すうじ》にとらわれて日々《ひび》頭《あたま》がそこから離《はな》れなかったからこそ、彼《かれ》は優勝《ゆうしょう》できたのだ。

→ 数字《すうじ》への（　　）が優勝《ゆうしょう》につながったという話《はなし》。

⑩ あの選手《せんしゅ》は本番《ほんばん》でも精神《せいしん》が安定《あんてい》しており、冷静《れいせい》で動《どう》じないところがすごい。

→ あの選手《せんしゅ》は（冷静《れいせい》　　）だという話《はなし》。

対立《たいりつ》	沈着《ちんちゃく》	執着《しゅうちゃく》	暗黙《あんもく》	暗記《あんき》
絶対《ぜったい》	暗示《あんじ》	対応《たいおう》	対比《たいひ》	反対《はんたい》

5

次《つぎ》の各文中《かくぶんちゅう》の（　）を埋《う》めるのにふさわしい言葉《ことば》をあとの□から選《えら》び、書《か》きなさい。同《おな》じ言葉《ことば》を二度使《にどつか》うことはできません。

4点《てん》×6

① （　　）の目《め》ばかり気《き》にしていると、自分《じぶん》の言《い》いたいことも言《い》えなくなるよ。

② （　調査《ちょうさ》）の結果《けっか》に振《ふ》り回《まわ》されているようでは、政治家《せいじか》は務《つと》まらない。

③ 勉強《べんきょう》においては（　的《てき》）であることも大切《たいせつ》だ。学《まな》びとは、真似《まね》から始《はじ》まるからだ。

④ わが子《こ》を（　性《せい》）豊《ゆた》かな子《こ》に育《そだ》てようと、幼《おさな》い頃《ころ》から芸術《げいじゅつ》に触《ふ》れさせる親《おや》は多《おお》い。

⑤ （　上手《じょうず》）という言葉《ことば》は、必《かなら》ずしもほめ言葉《ことば》とは限《かぎ》らない。社会《しゃかい》での立《た》ち居振《いふ》る舞《ま》いのうまさに対《たい》する嫉妬《しっと》も含《ふく》まれるだろう。

⑥ 引越《ひっこし》の書類《しょるい》も役所《やくしょ》に無事《ぶじ》（　　）された。今日《きょう》から新生活《しんせいかつ》が始《はじ》まる。楽《たの》しみだ。

世渡《よわた》り	受理《じゅり》	世間《せけん》	受動《じゅどう》	世論《よろん》	感受《かんじゅ》

解答《かいとう》

❶ ①安定《あんてい》 ②定着《ていちゃく》 ③固定《こてい》 ④定石《じょうせき》 ⑤定義《ていぎ》

❷ ①動機《どうき》 ②機動力《きどうりょく》 ③動向《どうこう》 ④感動《かんどう》 ⑤自動《じどう》

❸ ①人相《にんそう》 ②相違《そうい》（点《てん》） ③相談《そうだん》 ④相対《そうたい》（的《てき》） ⑤相性《あいしょう》

❹ ①暗記《あんき》 ②暗黙《あんもく》 ③対応《たいおう》 ④対立《たいりつ》 ⑤絶対《ぜったい》（的《てき》） ⑥反対《はんたい》（色《しょく》） ⑦対比《たいひ》 ⑧暗示《あんじ》 ⑨執着《しゅうちゃく》 ⑩（冷静《れいせい》）沈着《ちんちゃく》

❺ ①世間《せけん》 ②世論《よろん》 ③受動《じゅどう》（的《てき》） ④感受《かんじゅ》（性《せい》） ⑤世渡《よわた》り（上手《じょうず》） ⑥受理《じゅり》

解説《かいせつ》

❶ ③「流動《りゅうどう》↑↓固定《こてい》」は反対語《はんたいご》です。説明的文章《せつめいてきぶんしょう》などにおいて、比喩的《ひゆてき》な用《もち》い方《かた》でよく登場《とうじょう》します。

④「定石《じょうせき》」は、もとは囲碁《いご》における表現《ひょうげん》です。

❷ ④「心《こころ》↑↓頭《あたま》」は反対語《はんたいご》です。「動《どう》」の漢字《かんじ》とは直接関係《ちょくせつかんけい》ないですが、覚《おぼ》えておきましょう。

⑤「自動《じどう》↑↓手動《しゅどう》」は反対語《はんたいご》です。

❸ ④「くらべる相手《あいて》」がいるのが「相対《そうたい》」と覚《おぼ》えるとよいでしょう。

❹ ②「暗黙《あんもく》の了解《りょうかい》」というまとまりで覚《おぼ》えておきましょう。「口《くち》に出《だ》さなくてもわかっているでしょ」という文脈《ぶんみゃく》で、よく用《もち》いられます。

⑤「絶対《ぜったい》↑↓相対《そうたい》」は反対語《はんたいご》です。140ページも参照《さんしょう》してください。

⑧「はっきり示《しめ》す」のは「明示《めいじ》」です。一方《いっぽう》、ぼんやりと、さとられにくい（知《し》られにくい）表現《ひょうげん》で示《しめ》すのは、「暗示《あんじ》」です。

⑨「とらわれて離《はな》れない」という表現《ひょうげん》がヒント。

⑩「冷静沈着《れいせいちんちゃく》」を四字熟語《よじじゅくご》として覚《おぼ》えましょう。

❺ ③「受動《じゅどう》」の反対語《はんたいご》は「能動《のうどう》」です。多《おお》くの大人《おとな》は子《こ》どもに対《たい》し「能動的《のうどうてき》に学《まな》ぶこと」を求《もと》めますが、お手本《てほん》を真似《まね》することもしないうちから能動《のうどう》（自分《じぶん》から動《うご》くこと）を求《もと》められても、困《こま》ってしまうでしょう。だからこそ、受動的《じゅどうてき》な学《まな》びも必要《ひつよう》だ、という意味《いみ》の文《ぶん》です。

4年《ねん》生《せい》の漢《かん》字《じ》

第《だい》4学年《がくねん》(202字《じ》)

愛案以衣位茨印英栄媛塩岡億加果貨課芽賀
改械害街各覚潟完官管関観願岐希季旗器機
議求泣給挙漁共協鏡競極熊訓軍郡群径景芸
欠結建健験固功好香候康佐差菜最埼材崎昨
札刷察参産散残氏司試児治滋辞鹿失借種周
祝順初松笑唱焼照城縄臣信井成省清静席積
折節説浅戦選然争倉巣束側続卒孫帯隊達単
置仲沖兆低底的典伝徒努灯働特徳栃奈梨熱
念敗梅博阪飯飛必票標不夫付府阜富副兵別
辺変便包法望牧末満未民無約勇要養浴利陸
良料量輪類令冷例連老労録

学年別漢字配当表（平成29年告示・小学校学習指導要領）より

変

「変」のイメージ
・変《か》わる、変《か》える ・普通《ふつう》と違《ちが》う

●用語《ようご》のイメージ

変化《へんか》 （状態《じょうたい》が）変《か》わる。
変身《へんしん》 姿《すがた》を変《か》える。
変更《へんこう》 決《き》められたことを変《か》える。
変革《へんかく》 根本的《こんぽんてき》に変《か》える。新《あたら》しくする。
異変《いへん》 普通《ふつう》と違《ちが》うできごと。

観

「観」のイメージ
・見《み》る ・見方《みかた》 ・とらえ方《かた》

●用語《ようご》のイメージ

観察《かんさつ》 よく見《み》る。
観点《かんてん》 見方《みかた》。
主観《しゅかん》 自分中心《じぶんちゅうしん》の見方《みかた》。
客観《きゃっかん》 多《おお》くの人《ひと》が納得《なっとく》する見方《みかた》。
価値観《かちかん》 価値《かち》のとらえ方《かた》。

利

「利」のイメージ
・鋭《するど》い ・うまい ・ためになる

●用語《ようご》のイメージ

利口《りこう》 頭《あたま》がよい、鋭《するど》い。口《くち》がうまい。
利用《りよう》 うまく使《つか》う。
利器《りき》 うまく使《つか》える、べんりな機械《きかい》や器具《きぐ》。
利益《りえき》 ためになること。もうけ。
利己《りこ》 自分《じぶん》のためになることだけ考《かんが》える。

機

「機」のイメージ
・細《こま》かく複雑《ふくざつ》 ・はたらき ・とき

●用語《ようご》のイメージ

機械《かい》 細《こま》かく複雑《ふくざつ》な装置《そうち》。
機関《きかん》 細《こま》かく複雑《ふくざつ》な組織《そしき》。
機能《きのう》 はたらき。
機会《きかい》 ちょうどよいとき。チャンス。
危機《きき》 危険《きけん》なとき。危険《きけん》な状況《じょうきょう》。

★主《おも》な読《よ》み【変】か-わる/ヘン　【観】み-る/カン　【利】き-く/リ　【機】はた/キ

末

「末」のイメージ

・すえ ・終《お》わり ・最後《さいご》 ・端《はし》

●用語《ようご》のイメージ

結末《けつまつ》 最後《さいご》のしめくくり。
文末《ぶんまつ》 文《ぶん》の終《お》わり。
末路《まつろ》 おとろえたすえ。おとろえた先《さき》。
末端《まったん》 最《もっと》も端《はし》。
端末《たんまつ》 ネットワークの一番端《いちばんはし》にある装置《そうち》。

共

「共」のイメージ

・いっしょに

●用語《ようご》のイメージ

共通《きょうつう》 どれもいっしょに当《あ》てはまる。
共感《きょうかん》 いっしょに感《かん》じる。
公共《こうきょう》 みんないっしょ。
共有《きょうゆう》 いっしょに手《て》にする。
共同《きょうどう》 いっしょにする。

別

「別」のイメージ

・わける ・人《ひと》がわかれる ・異《こと》なる

●用語《ようご》のイメージ

差別《さべつ》 人間《にんげん》を上下《じょうげ》にわける。
個別《こべつ》 一人《ひとり》ひとりわける。
別離《べつり》 人《ひと》がわかれる。
特別《とくべつ》 普通《ふつう》とは異《こと》なる。
識別《しきべつ》 みわける。

低

「低」のイメージ

・ひくい ・さがる ・さげる

●用語《ようご》のイメージ

低下《ていか》 ひくくさがる。
低温《ていおん》 ひくい温度《おんど》。
低俗《ていぞく》 品《ひん》がなくレベルがひくい。
最低《さいてい》 最《もっと》もひくい。
低姿勢《ていしせい》 ひくい姿勢《しせい》。へりくだる姿勢《しせい》。

★主《おも》な読《よ》み【末】すえ/マツ　【共】とも/キョウ　【別】わか-れる/ベツ　【低】ひく-い/テイ

四年生《よねんせい》の漢字《かんじ》問題《もんだい》

月　日
点《てん》
／100点《てん》

1

次《つぎ》の文章中《ぶんしょうちゅう》の――部《ぶ》を別《べつ》の表現《ひょうげん》に言《い》いかえます。あとの□から言葉《ことば》を選《えら》び、（　　）に書《か》きなさい。同《おな》じ言葉《ことば》を二度使《にどつか》うことはできません。

3点《てん》×5

① 水《みず》を火《ひ》にかけると温度《おんど》が変《か》わる。

（　　　　）する

② どんな分野《ぶんや》であれ、「根本的《こんぽんてき》に変《か》えることが必《ひつ》要《よう》だ」と訴《うった》えるのは簡単《かんたん》だが、なぜ変《か》えるのか、どう変《か》えるのかについて、はっきりさせなければならないだろう。

（　　　　）が必要《ひつよう》だ

③ 海外《かいがい》に一年間留学《いちねんかんりゅうがく》して帰《かえ》ってきた姉《あね》は、別人《べつじん》に姿《すがた》を変《か》えたかのようだった。

（　　　　）したかのようだった

④ お茶《ちゃ》をひと口飲《くちの》んだとき、味《あじ》が普通《ふつう》と違《ちが》うと思《おも》った。

味《あじ》に（　　　　）を感《かん》じた

⑤ 遠足《えんそく》の途中《とちゅう》で雨《あめ》が降《ふ》ってきたので、立《た》ち寄《よ》る場《ば》所《しょ》の順番《じゅんばん》を変《か》えることになった。

順番《じゅんばん》を（　　　　）する

異変《いへん》　変化《へんか》　変更《へんこう》　変革《へんかく》　変身《へんしん》

2

次《つぎ》の文章中《ぶんしょうちゅう》の――部《ぶ》を別《べつ》の表現《ひょうげん》に言《い》いかえます。あとの□から言葉《ことば》を選《えら》び、（　　）に書《か》きなさい。同《おな》じ言葉《ことば》を二度使《にどつか》うことはできません。

3点《てん》×7

① 自分《じぶん》のためになることばかり考《かんが》えてはいけない、と言《い》うけれど、誰《だれ》もが結局《けっきょく》は自分《じぶん》のために生《い》きているのであって、なかなか難《むずか》しいことだ。

（　　　　）的《てき》に考《かんが》えてはいけない

② 「情《なさ》けは人《ひと》のためならず」という言葉《ことば》があるが、これは、「他人《たにん》に対《たい》する親切《しんせつ》は、結局《けっきょく》は自分《じぶん》のためになる」という意味《いみ》である。

自分《じぶん》の（　　　　）になる

③ チンパンジーが、小枝《こえだ》をうまく使《つか》って穴《あな》をほじくっていた。

（　　）して

④ チンパンジーはとても頭《あたま》がよい動物《どうぶつ》である。

（　　）な動物《どうぶつ》

⑤ 去年《きょねん》の担任《たんにん》の先生《せんせい》に街中《まちなか》で偶然《ぐうぜん》出会《であ》った。ちょうどよいタイミングなので、悩《なや》みを聞《き》いてもらうことにした。

よい（　　）

⑥ ある国《くに》では食料不足《しょくりょうぶそく》が深刻《しんこく》で、子《こ》どもたちが危《き》険《けん》な状況《じょうきょう》に陥《おちい》っているらしい。

（　　）的《てき》な状況《じょうきょう》

⑦ 人間《にんげん》の体《からだ》は、細《こま》かく複雑《ふくざつ》な装置《そうち》のようによくできている。

（　　）のように

機会《きかい》	利用《りよう》	機械《きかい》	利己《りこ》
危機《きき》	利口《りこう》	利益《りえき》	

3 次《つぎ》の各文中《かくぶんちゅう》の（　）を埋《う》めるのにふさわしい言葉《ことば》をあとの□から選《えら》び、書《か》きなさい。同《おな》じ言葉《ことば》を二度《にど》使《つか》うことはできません。

3点《てん》×5

① スマホはもちろんだが、そもそも電話《でんわ》というものの自体《じたい》が、文明《ぶんめい》の（　　）である。

② 東京《とうきょう》は交通《こうつう》（　　）が入《い》り組《く》んでいるため、地震《じしん》などの災害時《さいがいじ》は帰宅難民《きたくなんみん》が出《で》てしまいやすい。

③ 友《とも》だちというのは、互《たが》いに（　　）が違《ちが》っているほうが、相手《あいて》から学《まな》ぶことは多《おお》いはずである。

④ 今日《きょう》は、気温《きおん》は平年並《へいねんな》みであり、さほどの暑《あつ》さではなかったが、湿度《しつど》の（　　）では、非常《ひじょう》にすごしにくい一日《いちにち》だった。

⑤ あの選手《せんしゅ》が抜《ぬ》けると、チームが（　　）しなくなってしまう。

価値観《かちかん》　機関《きかん》　観点《かんてん》　利器《りき》　機能《きのう》

4

次《つぎ》の文章中《ぶんしょうちゅう》の——部《ぶ》を別《べつ》の表現《ひょうげん》に言《い》いかえます。あとの□から言葉《ことば》を選《えら》び、（　）に書《か》きなさい。同《おな》じ言葉《ことば》を二度使《にどつか》うことはできません。

3点《てん》×6

① 大企業《だいきぎょう》の新入社員《しんにゅうしゃいん》として働《はたら》き始《はじ》めた彼《かれ》はよく口《くち》にする。「自分《じぶん》なんて、組織《そしき》の一番端《いちばんはし》にいるだけだからね」

組織《そしき》の（　　　）

② 同《おな》じ色《いろ》のように見《み》える木々《きぎ》の緑《みどり》も、よく見《み》てみると、色合《いろあ》いにけっこう違《ちが》いがあるものだ。

よく（　　　）すると

③ 運動《うんどう》もせず甘《あま》いものばかり食《た》べておとろえたその末《すえ》に、あの体《からだ》になってしまった。

食《た》べた（　　　）が、あの体《からだ》だ

④ あなたのアイデアは、たしかに多《おお》くの人《ひと》が納得《なっとく》してくれる内容《ないよう》だけど、独自性《どくじせい》は低《ひく》いかもね。

（　　　的《てき》）な内容《ないよう》

⑤ テストの記述答案《きじゅつとうあん》を採点《さいてん》するときに、採点者《さいてんしゃ》が自分勝手《じぶんかって》な見方《みかた》で採点《さいてん》するのはよくない、と思《おも》うかもしれないが、結局《けっきょく》はそういう見方《みかた》が残《のこ》るものである。

（　　　）

⑥ 二時間《にじかん》ドラマの最後《さいご》のしめくくりが予想《よそう》どおりだったので、見《み》ていてついニヤリとしてしまった。

（　　　）

末端《まったん》　結末《けつまつ》　観察《かんさつ》　客観《きゃっかん》　末路《まつろ》　主観《しゅかん》

5

次《つぎ》の文章中《ぶんしょうちゅう》の——部《ぶ》を別《べつ》の表現《ひょうげん》に言《い》いかえます。あとの□から言葉《ことば》を選《えら》び、（　）に書《か》きなさい。同《おな》じ言葉《ことば》を二度使《にどつか》うことはできません。

2点《てん》×8

① 図書館《としょかん》はみんなが一緒《いっしょ》に使《つか》う場所《ばしょ》だから、大声《おおごえ》を出《だ》したりしないようにしましょう。

（　　　）の場所《ばしょ》

② SNSで見《み》つけた面白《おもしろ》い投稿《とうこう》を、フォロワーにもシェアしておいた。

（　　　）

③ マンガだからといって品《ひん》がなくレベルが低《ひく》いとは言《い》えない。

（　　　）である

④ ハト、カラス、スズメ。どれにも当《あ》てはまる特《とく》徴《ちょう》は、「身近《みぢか》なところにいる鳥《とり》」ということだ。

（　　　　）する特徴《とくちょう》

⑤ へりくだって頭《あたま》を低《ひく》くするような態度《たいど》で人《ひと》とかかわることがいつもよい結果《けっか》につながるとは限《かぎ》らない。

（　　　　）

⑥ いつもはケンカばかりしている姉妹《しまい》だったが、あの映画《えいが》を観《み》たときは、一緒《いっしょ》の気持《きも》ちで涙《なみだ》していたらしい。

（　　　　）して

⑦ 最近《さいきん》の組織《そしき》においては、複数人《ふくすうにん》で一緒《いっしょ》に代表《だいひょう》を務《つと》める形態《けいたい》をよく見《み》かけるが、リーダーが複数《ふくすう》もいて本当《ほんとう》にうまくいくのだろうか。

（　　代表《だいひょう》）という形態《けいたい》

⑧ 明日《あす》の朝《あさ》は気温《きおん》が低《ひく》くなるそうなので、服装《ふくそう》に気《き》をつけよう。

（　　　　）する

共感《きょうかん》	低下《ていか》	共有《きょうゆう》	共通《きょうつう》
公共《こうきょう》	共同《きょうどう》	低俗《ていぞく》	低姿勢《ていしせい》

6 次《つぎ》の各文中《かくぶんちゅう》の（　）を埋《う》めるのにふさわしい言葉《ことば》をあとの□から選《えら》び、書《か》きなさい。同《おな》じ言葉《ことば》を二度使《にどつか》うことはできません。

3点《てん》×5

① 世界中《せかいじゅう》のインターネットは、個人《こじん》が手《て》にするスマホなどの（　　　　）をつないでいる。

② （　　　　）というのは、本来《ほんらい》は上下関係《じょうげかんけい》のないところに上下関係《じょうげかんけい》を持《も》ち出《だ》す見方《みかた》である。

③ 「目的《もくてき》」の（　　　　）で見《み》ると、自転車《じてんしゃ》は移動《いどう》のため、三輪車《さんりんしゃ》はただ遊《あそ》ぶための乗《の》り物《もの》であり、両者《りょうしゃ》は全《まった》く異《こと》なることがわかる。

④ ここでは距離《きょり》がありすぎて、看板《かんばん》に何《なに》が書《か》かれているのかを（　　　　）できない。

⑤ 人間関係《にんげんかんけい》の問題《もんだい》は（　　　　）的《てき》、具体《ぐたい》的に考《かんが》えるべきであり、「男《おとこ》はこう」「女《おんな》はこう」「上司《じょうし》はこう」「新人《しんじん》はこう」などと、なんでも一般化《いっぱんか》して決《き》めつけないほうがよい。

観点《かんてん》	識別《しきべつ》	端末《たんまつ》	個別《こべつ》	差別《さべつ》

解答《かいとう》

❶ ①変化《へんか》 ②変革《へんかく》 ③変身《へんしん》 ④異変《いへん》 ⑤変更《へんこう》

❷ ①利己《りこ》 ②利益《りえき》 ③利用《りよう》 ④利口《りこう》
⑤機会《きかい》 ⑥危機《きき》 ⑦機械《きかい》

❸ ①利器《りき》 ②機関《きかん》 ③価値観《かちかん》 ④観点《かんてん》 ⑤機能《きのう》

❹ ①末端《まったん》 ②観察《かんさつ》 ③末路《まつろ》
④客観《きゃっかん》(的《てき》) ⑤主観《しゅかん》 ⑥結末《けつまつ》

❺ ①公共《こうきょう》 ②共有《きょうゆう》 ③低俗《ていぞく》 ④共通《きょうつう》 ⑤低姿勢《ていしせい》
⑥共感《きょうかん》 ⑦共同《きょうどう》(代表《だいひょう》) ⑧低下《ていか》

❻ ①端末《たんまつ》 ②差別《さべつ》 ③観点《かんてん》 ④識別《しきべつ》 ⑤個別《こべつ》

解説《かいせつ》

❶ 「変化《へんか》」は②と④にも入《はい》りそうですが、①には「変化《へんか》」しか入《はい》らないため、こちらを優先《ゆうせん》します。なお、②は「根本的《こんぽんてき》に」とあるため「変革《へんかく》」が適《てき》しています。

❷ ⑦は、たとえば脳《のう》や血管《けっかん》など、まるで機械《きかい》のように精巧《せいこう》にできている、という意味《いみ》です。「機《き》」のイメージをおさらいしておきましょう。

❸ ①よく使《つか》われる「文明《ぶんめい》の利器《りき》」という表現《ひょうげん》を丸《まる》ごと覚《おぼ》えましょう。
④気温《きおん》の観点《かんてん》と湿度《しつど》の観点《かんてん》とをくらべた文《ぶん》です。

❹ ①と③の「末《まつ》」は、どちらもマイナスのイメージで用《もち》いられています。

❺ ②「シェア」という英語《えいご》はすっかり日本語《にほんご》に溶《と》け込《こ》んでいます。「分《わ》ける」あるいは「共有《きょうゆう》する」という意味《いみ》で用《もち》いられます。最近《さいきん》よく耳《みみ》にする「ルームシェア」は、「部屋《へや》を共有《きょうゆう》する、共同《きょうどう》で使《つか》う」といった意味合《いみあ》いになります。
⑤「姿勢《しせい》」という言葉《ことば》は、実際《じっさい》の体《からだ》の様子《ようす》を表《あらわ》すのみではなく、この例《れい》のように「態度《たいど》」を示《しめ》すことがあります。「低姿勢《ていしせい》」は「謙虚《けんきょ》な態度《たいど》」のことです。

❻ ①世界《せかい》に広《ひろ》がるネットワークの「末端《まったん》」にあるのが、個人《こじん》が持《も》つスマホなどの「端末《たんまつ》」です。
⑤「個別《こべつ》」は、それぞれが別々《べつべつ》のイメージ。それを「一般化《いっぱんか》」すると、どれも同《おな》じイメージになります。

5年生《ねんせい》の漢字《かんじ》

第《だい》5学年《がくねん》(193字《じ》)

圧囲移因永営衛易益液演応往桜可仮価河
過快解格確額刊幹慣眼紀基寄規喜技義逆
久旧救居許境均禁句型経潔件険検限現減
故個護効厚耕航鉱構興講告混査再災妻採
際在財罪殺雑酸賛士支史志枝師資飼示似
識質舎謝授修述術準序招証象賞条状常情
織職制性政勢精製税責績接設絶祖素総造
像増則測属率損貸態団断築貯張停提程適
統堂銅導得毒独任燃能破犯判版比肥非費
備評貧布婦武復複仏粉編弁保墓報豊防貿
暴脈務夢迷綿輸余容略留領歴

学年別漢字配当表（平成29年告示・小学校学習指導要領）より

評

「評」のイメージ
・よしあしを判断《はんだん》する、論《ろん》じる

●用語《ようご》のイメージ

評価《ひょうか》　よしあしを判断《はんだん》する。
評判《ひょうばん》　世間《せけん》の人々《ひとびと》による、よしあしの判断《はんだん》。
批評《ひひょう》　よしあしを論《ろん》じる。
好評《こうひょう》　評判《ひょうばん》がよい。よいという判断《はんだん》。
不評《ふひょう》　評判《ひょうばん》が悪《わる》い。悪《わる》いという判断《はんだん》。悪評《あくひょう》。

価

「価」のイメージ
・値段《ねだん》・値打《ねう》ち・利益《りえき》・重要性《じゅうようせい》

●用語《ようご》のイメージ

価格《かかく》　値段《ねだん》。
対価《たいか》　提供《ていきょう》した物《もの》やサービスに対《たい》して受《う》ける利益《りえき》。
時価《じか》　その時期《じき》における値段《ねだん》。値打《ねう》ち。
価値《かち》　ものごとの値打《ねう》ち。重要性《じゅうようせい》。
真価《しんか》　本当《ほんとう》の値打《ねう》ち。

能

「能」のイメージ
・できる・はたらき

●用語《ようご》のイメージ

機能《きのう》　はたらき。
技能《ぎのう》　できるためのわざ。スキル。
芸能《げいのう》　ハイレベルなことができるわざ。大衆娯楽《たいしゅうごらく》。
知能《ちのう》　頭《あたま》のはたらき。
本能《ほんのう》　心身《しんしん》の生《う》まれつきのはたらき。

精

「精」のイメージ
・まじりけをなくす・上質《じょうしつ》・本質《ほんしつ》

●用語《ようご》のイメージ

精神《せいしん》　本質的《ほんしつてき》、根源的《こんげんてき》な心《こころ》のはたらき。
精選《せいせん》　まじりけをなくし、よいものを選《えら》ぶ。
精鋭《せいえい》　選《えら》び抜《ぬ》かれ、上質《じょうしつ》。
精進《しょうじん》　心《こころ》のまじりけをなくし、集中《しゅうちゅう》する。
無精《ぶしょう》　心《こころ》のまじりけをなくさず、なまける。

★主《おも》な読《よ》み【評】ヒョウ　【価】あたい/カ　【能】ノウ　【精】セイ/ショウ

個

「個」のイメージ
・ひとつ ・ひとり ・ほかと違《ちが》う

●用語《ようご》のイメージ

個別《こべつ》 ひとつひとつ別々《べつべつ》。
個室《こしつ》 ひとつひとつ別々《べつべつ》の部屋《へや》。
個性《こせい》 ほかの人《ひと》とは違《ちが》う性質《せいしつ》。
個人《こじん》 集団《しゅうだん》の中《なか》のひとりひとり。
個体《こたい》 ひとつひとつの生物体《せいぶつたい》。

質

「質」のイメージ
・特徴《とくちょう》 ・状態《じょうたい》 ・内側《うちがわ》 ・よしあし

●用語《ようご》のイメージ

素質《そしつ》 生《う》まれつきの特徴《とくちょう》、才能《さいのう》。
実質《じっしつ》 本当《ほんとう》の状態《じょうたい》。
本質《ほんしつ》 外《そと》には見《み》えない、内側《うちがわ》の特徴《とくちょう》、状態《じょうたい》。
品質《ひんしつ》 品物《しなもの》の状態《じょうたい》のよしあし。
悪質《あくしつ》 行《おこな》いの状態《じょうたい》が悪《わる》い。たちが悪《わる》い。

制

「制」のイメージ
・コントロール ・枠組《わくぐ》みに収《おさ》める

●用語《ようご》のイメージ

制限《せいげん》 枠組《わくぐ》みに収《おさ》まるようコントロールする。
制服《せいふく》 メンバーを組織《そしき》の枠組《わくぐ》みに収《おさ》めるための服《ふく》。
制度《せいど》 社会《しゃかい》の人々《ひとびと》をコントロールするしくみ。
規制《きせい》 人々《ひとびと》をコントロールするルール。
強制《きょうせい》 行動《こうどう》をむりやりコントロールする。

常

「常」のイメージ
・いつも ・普通《ふつう》 ・ふだんどおり

●用語《ようご》のイメージ

常時《じょうじ》 いつも。いつでも。
常識《じょうしき》 普通《ふつう》の知識《ちしき》。あたりまえの知識《ちしき》。
常備《じょうび》 いつも備《そな》えている。
日常《にちじょう》 ふだんどおりのくらし。
非常《ひじょう》 ふだんどおりではない状態《じょうたい》。

★主《おも》な読《よ》み【個】コ 【質】シツ/シチ 【制】セイ 【常】つね/とこ/ジョウ

五年生《ごねんせい》の漢字《かんじ》問題《もんだい》

月　日

点《てん》
／100点《てん》

1

次《つぎ》の文章中《ぶんしょうちゅう》の——部《ぶ》を別《べつ》の表現《ひょうげん》に言《い》いかえます。あとの□から言葉《ことば》を選《えら》び、（　）に書《か》きなさい。同《おな》じ言葉《ことば》を二度使《にどつか》うことはできません。

4点《てん》×4

① 何《なに》かを教《おし》えたら、相手《あいて》がどのくらいできるようになったのか、そのよしあしを判断《はんだん》することが必《ひつ》要《よう》になる。

（　　）が必要《ひつよう》

② 国語《こくご》の授業《じゅぎょう》では、読書感想文《どくしょかんそうぶん》のように感覚的《かんかくてき》な文章《ぶんしょう》ではなく、本《ほん》のよしあしを論《ろん》じるような文章《ぶんしょう》を書《か》かせるべきだ。

本《ほん》を（　　）するような文章《ぶんしょう》

③ 古本屋《ふるほんや》にある本《ほん》の値段《ねだん》はとても安《やす》い。

本《ほん》の（　　）

④ 多《おお》くの人《ひと》とは異《こと》なる意見《いけん》を発信《はっしん》することが社会《しゃかい》においてどれくらい重要《じゅうよう》かは、ときがたってみないとわからないものだ。

発信《はっしん》することの社会的《しゃかいてき》な（　　）

価値《かち》　価格《かかく》　評価《ひょうか》　批評《ひひょう》

2

次《つぎ》の各文《かくぶん》をまとめます。（　）を埋《う》めるのにふさわしい言葉《ことば》をあとの□から選《えら》び、書《か》きなさい。同《おな》じ言葉《ことば》を二度使《にどつか》うことはできません。

3点《てん》×6

① 隠《かく》し味《あじ》を入《い》れたカレーライスを、家族《かぞく》がおいしい、おいしいと食《た》べてくれた。

↓ カレーライスが家族《かぞく》に（　　）だったという話《はなし》。

② 砂糖《さとう》を入《い》れすぎた手作《てづく》りプリンに、家族《かぞく》がおいしくない、おいしくないと文句《もんく》を言《い》っていた。

↓ プリンが家族《かぞく》に（　　）だったという話《はなし》。

③ 暖冬《だんとう》のためあまり役立《やくだ》っていなかった新《あたら》しいヒーターだが、一月《いちがつ》になってようやく寒《さむ》さが増《ま》し、ヒーターの出番《でばん》となった。

↓　一月《いちがつ》にようやくヒーターが（　　）を発揮《はっき》したという話《はなし》。

④　ボランティアにおいては、その行《おこな》いに対《たい》して何《なん》らかの利益《りえき》を受《う》け取《と》ることはない。

↓（　　）を受《う》け取《と》らないのがボランティアだ、という話《はなし》。

⑤　スマホはできることが多《おお》すぎるため、お年寄《としよ》りには逆《ぎゃく》に扱《あつか》いが難《むずか》しい。

↓　スマホはお年寄《としよ》りにとっては（　　）が多《おお》すぎるという話《はなし》。

⑥　食《た》べるという行為《こうい》は、栄養《えいよう》をとるため、健康《けんこう》な体《からだ》をつくるため、といった人間的《にんげんてき》な目的《もくてき》の前《まえ》に、空腹《くうふく》を満《み》たしたい、口《くち》に合《あ》うものを食《た》べたい、といった生《う》まれつきの動物的欲求《どうぶつてきよっきゅう》が先《さき》にある。

↓　食《た》べるという行為《こうい》は、まず（　　）ありきである、という話《はなし》。

機能《きのう》	不評《ふひょう》	対価《たいか》	好評《こうひょう》	本能《ほんのう》	真価《しんか》

3

次《つぎ》の各文中《かくぶんちゅう》の（　）を埋《う》めるのにふさわしい言葉《ことば》をあとの□から選《えら》び、書《か》きなさい。同《おな》じ言葉《ことば》を二度使《にどつか》うことはできません。

3点《てん》×5

①　物《もの》の値段《ねだん》というのは、社会《しゃかい》の状況《じょうきょう》によって変動《へんどう》することがよくある。その時《とき》その時《とき》の値段《ねだん》のことを、特《とく》に（　　）と呼《よ》ぶ。

②　駅前《えきまえ》にできた美容院《びよういん》は（　　）になっているらしいので、行《い》ってみようと思《おも》う。

③　漫才《まんざい》やコント、クイズ等《とう》の番組《ばんぐみ》で出演者《しゅつえんしゃ》の技術《ぎじゅつ》や知識《ちしき》が発揮《はっき》されたとき、（　　人《じん》）というのは本来《ほんらい》、ハイレベルなことができる技《わざ》をもっている人《ひと》の呼《よ》び名《な》なんだよな、と実感《じっかん》する。

④　（　　指数《しすう》）というものを、あまり真《ま》に受《う》けないほうがよい。

⑤　高《たか》い（　　）をもつ医師《いし》に手術《しゅじゅつ》をお願《ねが》いしたいというのは、すべての患者《かんじゃ》の願《ねが》いだ。

芸能《げいのう》	評判《ひょうばん》	知能《ちのう》	技能《ぎのう》	時価《じか》

4 次《つぎ》の各文《かくぶん》をまとめます。（　　）を埋《う》めるのにふさわしい言葉《ことば》をあとの□から選《えら》び、書《か》きなさい。同《おな》じ言葉《ことば》を二度使《にどつか》うことはできません。

3点《てん》×5

① 最近調子《さいきんちょうし》が悪《わる》い、いろいろと悩《なや》みごとが多《おお》くて気持《きも》ちが疲《つか》れているのかもしれない――と父《ちち》が語《かた》っていた。

↓ 父《ちち》が（　　）的《てき》に疲《つか》れているようだ、という話《はなし》。

② 映画《えいが》ではよく選《えら》びぬかれた兵士《へいし》の部隊《ぶたい》などが登場《とうじょう》するが、それでも恐竜《きょうりゅう》に食《く》われてしまったりすることがよくある。

↓ （　　）部隊《ぶたい》でも悲惨《ひさん》な目《め》に遭《あ》う映画《えいが》がよくあるという話《はなし》。

③ 「学生《がくせい》の本分《ほんぶん》は勉強《べんきょう》だぞ」「はい。周囲《しゅうい》の誘惑《ゆうわく》に負《ま》けず、勉強《べんきょう》に集中《しゅうちゅう》します」「よし、それでいい」

↓ 勉学《べんがく》に（　　）すると宣言《せんげん》した話《はなし》。

④ 海辺《うみべ》にカモメがたくさん飛《と》んでいる。どれも同《おな》じカモメに見《み》えるけど、オスもメスもいて、若者《わかもの》もいればお年寄《としよ》りもいて、いろいろなんだろうな。

↓ カモメにも（　　差《さ》）があるはずだ、という話《はなし》。

⑤ 一人《ひとり》ひとりの「違《ちが》い」を大事《だいじ》にするのはいいが、そもそも違《ちが》いというのは「同《おな》じ」尺度《しゃくど》で測《はか》らなければわからないということを、忘《わす》れてはいけない。

↓ 同《おな》じ尺度《しゃくど》で見《み》ないと（　　）ははっきりしない、という話《はなし》。

精神《せいしん》　個体《こたい》　個性《こせい》　精鋭《せいえい》　精進《しょうじん》

5 次《つぎ》の文章中《ぶんしょうちゅう》の――部《ぶ》を別《べつ》の表現《ひょうげん》に言《い》いかえます。あとの□から言葉《ことば》を選《えら》び、（　　）に書《か》きなさい。同《おな》じ言葉《ことば》を二度使《にどつか》うことはできません。

3点《てん》×6

① おみやげは、一《ひと》つずつわけられるお菓子《かし》にして、メンバーに配《くば》ろう。

（　　）に

② 学校《がっこう》でいじめが発生《はっせい》したときは、個々《ここ》の案件《あんけん》だけではなく、外《そと》には見《み》えない問題《もんだい》が学校全体《がっこうぜんたい》に存《そん》在《ざい》しないかを考《かんが》えるべきだ。

（　　　）的《てき》な問題《もんだい》

③ エイプリルフールだからといって、相手《あいて》が怒《おこ》るようなたちの悪《わる》い嘘《うそ》をつくのはやめたほうがいい。

（　　　）な嘘《うそ》

④ 何《なに》か問題《もんだい》が起《お》きるとすぐに新《あたら》しいルールをつくってコントロールしようとするのは、どうなのか。

（　　　）しようとする

⑤ 当《あ》たり前《まえ》と思《おも》われるルールを見直《みなお》すことでこそ、社会《しゃかい》はよりよいものになっていく。

（　　　）的《てき》なルール

⑥ 授業《じゅぎょう》で学《まな》んだ知識《ちしき》や技術《ぎじゅつ》をふだんの生活《せいかつ》の中《なか》で活用《かつよう》してこそ、ほんものになる。

（　　　）的《てき》に活用《かつよう》

規制《きせい》　悪質《あくしつ》　常識《じょうしき》　個別《こべつ》　本質《ほんしつ》　日常《にちじょう》

6

次《つぎ》の各文中《かくぶんちゅう》の（　）を埋《う》めるのにふさわしい言葉《ことば》をあとの□から選《えら》び、書《か》きなさい。同《おな》じ言葉《ことば》を二度使《にどつか》うことはできません。

3点《てん》×6

① SNSでの発言《はつげん》について、「所属《しょぞく》する組織《そしき》とは関係《かんけい》ない、（　　　）としての発言《はつげん》です」と書《か》いている人《ひと》がよくいるが、そんなに都合《つごう》よくわけられるものだろうか。

② あいさつというものは、（　　　）してでもさせることが、子《こ》どものうちは大切《たいせつ》だ。

③ 今《いま》やるべきことをせず（　　　）をしていると、あとあとしわよせが来《く》るよ。

④ 教育《きょういく》においては、何《なに》を（　　　）し何《なに》を自由《じゆう》にするかの見極《みきわ》めが大切《たいせつ》だ。

⑤ 地震《じしん》のような（　　　）の際《さい》には、あわてず落《お》ち着《つ》いて行動《こうどう》する必要《ひつよう》がある。

⑥ 腕時計《うでどけい》は（　　　）身《み》につけている。

制限《せいげん》　無精《ぶしょう》　非常《ひじょう》　個人《こじん》　強制《きょうせい》　常時《じょうじ》

解答《かいとう》

❶ ①評価《ひょうか》 ②批評《ひひょう》 ③価格《かかく》 ④価値《かち》

❷ ①好評《こうひょう》 ②不評《ふひょう》 ③真価《しんか》 ④対価《たいか》
⑤機能《きのう》 ⑥本能《ほんのう》

❸ ①時価《じか》 ②評判《ひょうばん》 ③芸能《げいのう》（人《じん》）
④知能《ちのう》（指数《しすう》） ⑤技能《ぎのう》

❹ ①精神《せいしん》 ②精鋭《せいえい》 ③精進《しょうじん》
④個体《こたい》（差《さ》） ⑤個性《こせい》

❺ ①個別《こべつ》 ②本質《ほんしつ》（的《てき》） ③悪質《あくしつ》
④規制《きせい》 ⑤常識《じょうしき》 ⑥日常《にちじょう》

❻ ①個人《こじん》 ②強制《きょうせい》 ③無精《ぶしょう》
④制限《せいげん》 ⑤非常《ひじょう》 ⑥常時《じょうじ》

解説《かいせつ》

❶ ④熟語《じゅくご》を使《つか》うと表現《ひょうげん》がスッキリすることを、感《かん》じ取《と》ってください。

❷ ⑥人間《にんげん》と動物《どうぶつ》、人間的理性《にんげんてきりせい》と動物的本能《どうぶつてきほんのう》が対比《たいひ》された文《ぶん》です。

❸ ②「らしい」というところに、「評判《ひょうばん》」のイメージが出《で》ています。「評判《ひょうばん》」には、「うわさ」の意味《いみ》もあります。

③「タレント」という言葉《ことば》がありますが、これはそもそも「才能《さいのう》」を意味《いみ》します。芸《げい》の才能《さいのう》が高《たか》い人《ひと》が「芸能人《げいのうじん》」なのです。

❹ ③「周囲《しゅうい》の誘惑《ゆうわく》」という「まじりけ」がない状態《じょうたい》が、「精《せい》」の澄《す》んだイメージに合《あ》っています。

④「個体差《こたいさ》」という言葉《ことば》は生物《せいぶつ》に関《かん》してよく用《もち》いられます。人間《にんげん》にはあまり用《もち》いませんが、人間《にんげん》を動物《どうぶつ》と見《み》れば、人間《にんげん》にも使《つか》うことができます。

⑤同《おな》じスタートからヨーイドンで走《はし》るのではなく、いつどこからでも好《す》きに走《はし》っていいよ、というやり方《かた》では、誰《だれ》が速《はや》くて誰《だれ》が遅《おそ》いのか、わかりません。

❺ ②「本質《ほんしつ》」の反対語《はんたいご》は「現象《げんしょう》」です。見《み》えるのが現象《げんしょう》、見《み》えないのが本質《ほんしつ》、というイメージです。

❻ ①「個人《こじん》の集合体《しゅうごうたい》である組織《そしき》」と「個人《こじん》」とをわけることの難《むずか》しさについて述《の》べています。

6年《ねん》生《せい》の漢字《かんじ》

第《だい》6学年《がくねん》(191字《じ》)

胃異遺域宇映延沿恩我灰拡革閣割株干巻
看簡危机揮貴疑吸供胸郷勤筋系敬警劇激
穴券絹権憲源厳己呼誤后孝皇紅降鋼刻穀
骨困砂座済裁策冊蚕至私姿視詞誌磁射捨
尺若樹収宗就衆従縦縮熟純処署諸除承将
傷障蒸針仁垂推寸盛聖誠舌宣専泉洗染銭
善奏窓創装層操蔵臓存尊退宅担探誕段暖
値宙忠著庁頂腸潮賃痛敵展討党糖届難乳
認納脳派拝背肺俳班晩否批秘俵腹奮並陛
閉片補暮宝訪亡忘棒枚幕密盟模訳郵優預
幼欲翌乱卵覧裏律臨朗論

学年別漢字配当表（平成29年告示・小学校学習指導要領）より

値

「値」のイメージ

・数《かず》で示《しめ》す　・重要性《じゅうようせい》　・高低《こうてい》

●用語《ようご》のイメージ

価値《かち》　重要性《じゅうようせい》。

値段《ねだん》　重要性《じゅうようせい》を金銭《きんせん》で示《しめ》す。

数値《すうち》　程度《ていど》を数《かず》で示《しめ》す。単位《たんい》のある数《かず》。

期待値《きたいち》　期待《きたい》される度合《どあ》いの高低《こうてい》。

値《あたい》**する**　その重要性《じゅうようせい》が高《たか》い。

創

「創」のイメージ

・新《あら》たに生《う》み出《だ》す

●用語《ようご》のイメージ

創作《そうさく》　新《あら》たに生《う》み出《だ》して作《つく》る。

創造《そうぞう》　新《あら》たに生《う》み出《だ》す。

独創《どくそう》　自分《じぶん》だけで新《あら》たに生《う》み出《だ》す。オリジナル。

創始《そうし》　新《あら》たに生《う》み出《だ》して始《はじ》める。

創立《そうりつ》　新《あら》たに生《う》み出《だ》して設立《せつりつ》する。

異

「異」のイメージ

・ことなる　・普通《ふつう》と違《ちが》う

●用語《ようご》のイメージ

異常《いじょう》　普通《ふつう》とことなる。普通《ふつう》と違《ちが》う。

異物《いぶつ》　普通《ふつう》と違《ちが》う物《もの》。

異議《いぎ》　相手《あいて》とことなる意見《いけん》。反対意見《はんたいいけん》。

驚異《きょうい》　普通《ふつう》と違《ちが》い、驚《おどろ》くほどよい。

異国《いこく》　ことなる国《くに》。

存

「存」のイメージ

・ある　・あり続《つづ》ける

●用語《ようご》のイメージ

存在《そんざい》　ある。

存続《そんぞく》　あり続《つづ》ける。

依存《いそん》　たよりながら、ある。

共存《きょうぞん》　ともに、ある。

保存《ほぞん》　そのままの状態《じょうたい》で、あり続《つづ》ける。

★主《おも》な読《よ》み【値】ね/あたい/チ　【創】つく-る/ソウ　【異】こと-なる/イ　【存】ソン/ゾン

推

「推」のイメージ
・おす・すすめる・既知《きち》から未知《みち》へ

●用語《ようご》のイメージ

推測《すいそく》 既知《きち》をもとに未知《みち》を想像《そうぞう》する。
推理《すいり》 既知《きち》をもとに未知《みち》を考《かんが》える。
推進《すいしん》 おしすすめる。
推薦《すいせん》 よいと思《おも》うものを、すすめる。
類推《るいすい》 似《に》ている既知《きち》をもとに、未知《みち》を考《かんが》える。

※既知《きち》とは、「もう知《し》っていること」、未知《みち》とは、「まだ知《し》らないこと」です。

視

「視」のイメージ
・見《み》る・見方《みかた》・考《かんが》える・判断《はんだん》する

●用語《ようご》のイメージ

視点《してん》 見方《みかた》。
視線《しせん》 見《み》る方向《ほうこう》。
視野《しや》 見《み》える範囲《はんい》。考《かんが》える範囲《はんい》。
敵視《てきし》 敵《てき》と判断《はんだん》する。
直視《ちょくし》 まっすぐ見《み》る。まっすぐ向《む》き合《あ》って考《かんが》える。

認

「認」のイメージ
・みとめる・見《み》わける・受《う》け入《い》れる

●用語《ようご》のイメージ

確認《かくにん》 確《たし》かめて、そうだとみとめる。
認識《にんしき》 ほかと見《み》わけ、知《し》る。
認定《にんてい》 資格《しかく》などをみとめる。
容認《ようにん》 受《う》け入《い》れる。
承認《しょうにん》 そうだとみとめる。よしとしてみとめる。

密

「密」のイメージ
・距離《きょり》が近《ちか》い・すきまがない

●用語《ようご》のイメージ

密接《みっせつ》 距離《きょり》が近《ちか》い。
秘密《ひみつ》 すきまがなくて、ほかの人《ひと》が知《し》れない。
密度《みつど》 すきまなく詰《つ》まっているかどうかの度合《どあ》い。
親密《しんみつ》 人《ひと》と人《ひと》の心《こころ》の距離《きょり》が近《ちか》い。
厳密《げんみつ》 すきまがないほど細《こま》かい。

★主《おも》な読《よ》み【推】お-す/スイ　【視】シ　【認】みと-める/ニン　【密】ひそ-か/ミツ

月　日

点《てん》／100点《てん》

1

次《つぎ》の文章中《ぶんしょうちゅう》の——部《ぶ》を別《べつ》の表現《ひょうげん》に言《い》いかえます。あとの□から言葉《ことば》を選《えら》び、（　　）に書《か》きなさい。同《おな》じ言葉《ことば》を二度《にど》使《つか》うことはできません。

全問《ぜんもん》できて＋1点《てん》

3点《てん》×6

① あのルーキーは高校野球《こうこうやきゅう》のときからホームランを量産《りょうさん》するだけでなく守備《しゅび》もうまかったらしい。かなり活躍《かつやく》してくれるだろう。

（　　）が高《たか》い

② 自分《じぶん》だけで新《あら》たに生《う》み出《だ》すことというのは、どんな世界《せかい》であっても簡単《かんたん》なことではない。

（　　）

③ ただほめるのではなく、点数《てんすう》などを示《しめ》してほめるほうが、ほめられたほうも実感《じっかん》がわくし、次《つぎ》の目標《もくひょう》を見定《みさだ》めやすい。

（　　）でほめる

④ 五〇年前《ごじゅうねんまえ》の今日《きょう》は、この学校《がっこう》が新《あら》しく生《う》み出《だ》された日《ひ》です。

この学校《がっこう》の（　　）記念日《きねんび》

⑤ 風邪《かぜ》を引《ひ》いたあと、しばらくの間《あいだ》、のどの入口《いりぐち》あたりに普通《ふつう》ではない何《なに》かが引《ひ》っかかっているような感覚《かんかく》が続《つづ》いた。

（　　感《かん》）が続《つづ》いた

⑥ 相手《あいて》と異《こと》なる意見《いけん》を言《い》うことこそが会議《かいぎ》の価値《かち》なのに、日本人《にほんじん》はなかなかそれを口《くち》にしようとしない。

（　　）をとなえる

数値《すうち》　異議《いぎ》　創立《そうりつ》　独創《どくそう》　異物《いぶつ》　期待値《きたいち》

2

次《つぎ》の各文《かくぶん》をまとめます。（　　）を埋《う》めるのにふさわしい言葉《ことば》をあとの□から選《えら》び、書《か》きなさい。同《おな》じ言葉《ことば》を二度《にど》使《つか》うことはできません。

3点《てん》×8

① 子《こ》どもというのは親《おや》にたよって生《い》きているのだから、たとえ中学生《ちゅうがくせい》や高校生《こうこうせい》であってもそのこと

を後《うし》ろめたく思《おも》う必要《ひつよう》はない。
↓ 子《こ》どもは親《おや》に（　　　　）して当然《とうぜん》である、という話《はなし》。

② メンバーが少《すく》なくなり、わが校《こう》の卓球部《たっきゅうぶ》は、たち消《き》えてしまうかもしれない状況《じょうきょう》にある。
↓ 卓球部《たっきゅうぶ》の（　　　　）が危《あや》ぶまれているという話《はなし》。

③ テレビでコメンテーターを務《つと》めるような人《ひと》は、知識《ちしき》が少《すく》ないのに想像《そうぞう》であれこれものを言《い》わないほうがよい。
↓ コメンテーターは（　　　　）でものを言《い》わないほうがよい、という話《はなし》。

④ 震災《しんさい》の被災地《ひさいち》にまとまったお金《かね》を送《おく》るために、募金活動《ぼきんかつどう》を今以上《いまいじょう》におしすすめる必要《ひつよう》がある。
↓ 被災地《ひさいち》のために募金活動《ぼきんかつどう》を（　　　　）する必要《ひつよう》がある、という話《はなし》。

⑤ 私《わたし》はあまりオーディションに出《で》たくなかったが、姉《あね》が勝手《かって》に応募《おうぼ》してしまったので、とりあえず出《で》てみることにした。
↓ 姉《あね》の（　　　　）でオーディションに出《で》ることになった話《はなし》。

⑥ オーディションで落《お》ちてしまったけれど、いろいろな体験《たいけん》をとおして、ものの見方《みかた》というか、見《み》え方《かた》が広《ひろ》がった感《かん》じがした。
↓ オーディションをとおして（　　　　）が広《ひろ》がったという話《はなし》。

⑦ 高齢《こうれい》の母《はは》が入院《にゅういん》したことで、母《はは》の人生《じんせい》の閉《と》じ方《かた》について目《め》をそらさずに向《む》き合《あ》わなければ、と思《おも》うようになった――と、父《ちち》が語《かた》っていた。
↓ 父《ちち》が、高齢《こうれい》の母《はは》の問題《もんだい》を（　　　　）するようになった話《はなし》。

⑧ 三〇年前《さんじゅうねんまえ》の写真《しゃしん》がそのままの色合《いろあ》いで国語辞典《こくごじてん》にはさまっていた。
↓ 古《ふる》い写真《しゃしん》が（　　　　）されていた話《はなし》。

推薦《すいせん》　依存《いそん》　直視《ちょくし》　存続《そんぞく》
視野《しや》　推進《すいしん》　推測《すいそく》　保存《ほぞん》

3

次《つぎ》の各文《かくぶん》をまとめます。（　）を埋《う》めるのにふさわしい言葉《ことば》をあとの□から選《えら》び、書《か》きなさい。同《おな》じ言葉《ことば》を二度《にど》使《つか》うことはできません。

3点《てん》×7

① いつもはカギをかけたかどうか確《たし》かめてから家《いえ》を出《で》るのだが、今日《きょう》は友《とも》だち数名《すうめい》としゃべりながら家《いえ》を出《で》たせいで、確《たし》かめるのを忘《わす》れてしまった。

↓ 施錠《せじょう》の（　）を忘《わす》れた話《はなし》。

② 難易度《なんいど》の高《たか》い英語《えいご》のテストでは、辞典《じてん》の持《も》ち込《こ》みを許可《きょか》してもよいと思《おも》う。

↓ 辞典《じてん》の持《も》ち込《こ》みを（　）すべきだ、という意見《いけん》。

③ 歯科《しか》が扱《あつか》うのは口《くち》の中《なか》だけだと思《おも》っているかもしれないが、実《じつ》は全身《ぜんしん》の病気《びょうき》と深《ふか》いかかわりがある。

↓ 歯科領域《しかりょういき》は全身《ぜんしん》の病気《びょうき》と（　）に関係《かんけい》している、という話《はなし》。

④ 「見《み》れる」に違和感《いわかん》がある人《ひと》も、「来《こ》れる」には違和感《いわかん》がない人《ひと》がいる。しかし、細《こま》かく考《かんが》えると、「来《こ》れる」も文法的《ぶんぽうてき》には不正確《ふせいかく》である。

↓ （　）には、「来《こ》れる」も不正確《ふせいかく》だという話《はなし》。

⑤ 人間《にんげん》はずっと自然《しぜん》とともに生活《せいかつ》してきた。

↓ 人間《にんげん》はずっと自然《しぜん》と（　）してきた、という話《はなし》。

⑥ 普通《ふつう》と異《こと》なることが起《お》こってから点検《てんけん》を始《はじ》めるのでは遅《おそ》い。そういうことが生《しょう》じる前《まえ》に、点検《てんけん》しておくべきである。

↓ （　）が生《しょう》じる前《まえ》に点検《てんけん》をすべきだ、という話《はなし》。

⑦ 本《ほん》というものは、ページ数《すう》や大《おお》きさだけで金銭《きんせん》的価値《てきかち》を決《き》められるものではないはずだ。

↓ 本《ほん》の（　）はページ数《すう》や大《おお》きさだけでは決《き》められないはずだ、という話《はなし》。

共存《きょうぞん》	確認《かくにん》	容認《ようにん》	厳密《げんみつ》
異常《いじょう》	密接《みっせつ》	値段《ねだん》	

4 次《つぎ》の各文中《かくぶんちゅう》の（　）を埋《う》めるのにふさわしい言葉《ことば》をあとの□から選《えら》び、書《か》きなさい。同《おな》じ言葉《ことば》を二度使《にどつか》うことはできません。

3点《てん》×12

① 家族《かぞく》のような近《ちか》い関係《かんけい》であっても、互《たが》いに知《し》られたくないような（　）をもっているのは、当然《とうぜん》のことだ。

② すぐに（　）をそらすのは、相手《あいて》に対《たい》して何《なに》か気持《きも》ちのズレがある証拠《しょうこ》だ。

③ いつも異性《いせい》の（　）でも考《かんが》えることで、社会《しゃかい》はよりよくなっていくはずである。

④ 若《わか》いとはいえ知識《ちしき》や経験《けいけん》が豊富《ほうふ》な人《ひと》たちが集《あつ》まったので、（　）の濃《こ》い話《はな》し合《あ》いになったようである。

⑤ 公的《こうてき》に（　）を受《う》けた保育園《ほいくえん》とそうでない保育園《ほいくえん》。普通《ふつう》は前者《ぜんしゃ》を選《えら》ぶはずだ。

⑥ 私《わたし》たちは知《し》らず知《し》らずのうちに、既知《きち》をもとにして未知《みち》を（　）しているものだ。

⑦ （情緒《じょうちょ》）あふれるレストランに招待《しょうたい》された。

⑧ 少《すこ》し批判《ひはん》されたからといってすぐにその相手《あいて》を（　）するのではなく、相手《あいて》の話《はなし》に耳《みみ》を傾《かたむ》けることによって、むしろ味方《みかた》にしてしまうくらいの気持《きも》ちでいたいものである。

⑨ データを（　）し忘《わす》れたせいで、またゼロから表《ひょう》を作成《さくせい》しなければならなくなった。

⑩ SNSで毎日毎時間《まいにちまいじかん》のように発信《はっしん》している人《ひと》は、いわゆる（　）欲求《よっきゅう》の度合《どあ》いが高《たか》い人《ひと》であると言《い》える。

⑪ （　）ドラマを見《み》ていると、自分《じぶん》が探偵《たんてい》になったような気分《きぶん》になってくる。

⑫ 現実世界《げんじつせかい》で事件《じけん》が起《お》こると、ストーリーが浮《う》かんできて（　）意欲《いよく》をかきたてられる、と作家《さっか》が興奮気味《こうふんぎみ》に話《はな》していた。

異国《いこく》	保存《ほぞん》	密度《みつど》	秘密《ひみつ》	創作《そうさく》	承認《しょうにん》
認定《にんてい》	類推《るいすい》	視線《しせん》	視点《してん》	推理《すいり》	敵視《てきし》

解答《かいとう》

1 ①期待値《きたいち》 ②独創《どくそう》 ③数値《すうち》
④創立《そうりつ》 ⑤異物《いぶつ》 ⑥異議《いぎ》

2 ①依存《いそん》 ②存続《そんぞく》 ③推測《すいそく》 ④推進《すいしん》
⑤推薦《すいせん》 ⑥視野《しや》 ⑦直視《ちょくし》 ⑧保存《ほぞん》

3 ①確認《かくにん》 ②容認《ようにん》 ③密接《みっせつ》 ④厳密《げんみつ》
⑤共存《きょうぞん》 ⑥異常《いじょう》 ⑦値段《ねだん》

4 ①秘密《ひみつ》 ②視線《しせん》 ③視点《してん》 ④密度《みつど》 ⑤認定《にんてい》
⑥類推《るいすい》 ⑦異国《いこく》（情緒《じょうちょ》） ⑧敵視《てきし》
⑨保存《ほぞん》 ⑩承認《しょうにん》 ⑪推理《すいり》 ⑫創作《そうさく》

解説《かいせつ》

1 ④「創立《そうりつ》」の「創《そう》」が、「新《あら》たに生《う》み出《だ》す」「初《はじ》めてつくる」といった意味《いみ》があることを思《おも》い出《だ》しましょう。

2 ①「親《おや》にたよって」を「親《おや》に依存《いそん》して」と言《い》いかえています。
⑤この場合《ばあい》の「応募《おうぼ》」は、「推薦《すいせん》」の意味《いみ》で用《もち》いられています。

3 ②単《たん》に一方向《いちほうこう》に許可《きょか》するということではなく、「持《も》ち込《こ》ませてほしい」という意見《いけん》があって、それを「受《う》け入《い》れる」、つまり「容認《ようにん》する」というイメージです。
④いわゆる「ら抜《ぬ》き言葉《ことば》」についての文《ぶん》です。「見《み》れる・来《こ》れる」は「見《み》られる・来《こ》られる」とするのが、今《いま》でもまだ「厳密《げんみつ》には」正《ただ》しいと言《い》えます。

4 ②「視点《してん》をそらす」とは言《い》いません。そらすのは、あくまでも「線《せん》」です。
④話《はなし》の中身《なかみ》が詰《つ》まっていて「密《みつ》」である、というイメージです。
⑧「むしろ味方《みかた》に」という部分《ぶぶん》をもとに、「敵《てき》」という言葉《ことば》をイメージします。
⑩「承認欲求《しょうにんよっきゅう》」という言葉《ことば》を丸《まる》ごと覚《おぼ》えます。詳《くわ》しい意味《いみ》は検索《けんさく》しておきましょう。
⑫「作家《さっか》が」とありますから、「創作意欲《そうさくいよく》」という表現《ひょうげん》になることがわかるでしょう。

Part 2

イメージ別漢字《べつかんじ》

ここからは「イメージ別《べつ》」です。

これらのイメージは、多《おお》くの読解場面《どっかいばめん》において、文章《ぶんしょう》を読《よ》み解《と》くための武器《ぶき》になります。ここで学《まな》んだことを実際《じっさい》の「読《よ》み」の場《ば》で生《い》かせるよう、一度《いちど》解《と》き終《お》えたあとでも、何度《なんど》もおさらいするようにしましょう。

1

「形《かたち》がある・ない」の漢字《かんじ》一覧《いちらん》

★「形《かたち》がある」「有形《ゆうけい》」「見《み》える」「形《かたち》がない」「無形《むけい》」「見《み》えない」これらの観点《かんてん》は、文章《ぶんしょう》の読《よ》み書《か》きにおいて不可欠《ふかけつ》です。私《わたし》たちは、気《き》がつかないうちにこうした見方《みかた》によってものごとを区別《くべつ》し、整理《せいり》しているのです。

現
実
体

62〜67ページ

物
象
像

68〜72ページ

形《かたち》があるイメージ
有形《ゆうけい》のイメージ
見《み》えるイメージ

形
型
表

73〜76ページ

気
裏
心

77〜80ページ

思
感
想

81〜84ページ

形《かたち》がないイメージ
無《む》形《けい》のイメージ
見《み》えないイメージ

形《かたち》がある・ない(1)

月　日
点《てん》
／100点《てん》

現

5年《ねん》

「現」のイメージ
・見《み》える　・見《み》えている
・形《かたち》がある(有形《ゆうけい》)

●用語《ようご》のイメージ

現《あらわ》す／現《あらわ》れる
姿《すがた》、形《かたち》を見《み》せる。

現在《げんざい》 ↔ **過去《かこ》**
見《み》えている今《いま》。 ／ 見《み》えていない昔《むかし》。
形《かたち》ある今《いま》。 ／ 形《かたち》なき昔《むかし》。

現実《げんじつ》 ↔ **空想《くうそう》／理想《りそう》**
見《み》えている、実際《じっさい》のものごと。 ／ 見《み》えていない、心《こころ》の中《なか》のイメージ。

●その他《た》の用語《ようご》
現代《げんだい》・現金《げんきん》・再現《さいげん》・現場《げんば》
実現《じつげん》・出現《しゅつげん》・現状《げんじょう》・表現《ひょうげん》

1 次《つぎ》の文章《ぶんしょう》の——部《ぶ》を言《い》いかえます。あとの文《ぶん》の（　）を埋《う》めるのにふさわしい言葉《ことば》をあとの□から選《えら》び、書《か》き入《い》れなさい。　12点《てん》

今日《きょう》は、けん玉大会《だまたいかい》。自分《じぶん》よりうまい人《ひと》が来《こ》ないといいなあ、と思《おも》っていたが、大会《たいかい》の場《ば》で目《め》にしたのは、明《あき》らかに自分《じぶん》よりもうまく軽々《かるがる》と技《わざ》を披露《ひろう》する、多《おお》くの選手《せんしゅ》たちの姿《すがだ》だった。

↓
自分《じぶん》よりうまい人《ひと》たちが多《おお》いという（　　　）を、目《ま》の当《あ》たりにした。

理想《りそう》	現実《げんじつ》	イメージ

2 次《つぎ》の文章《ぶんしょう》を読《よ》み、あとの問《と》いに答《こた》えなさい。　12点《てん》×2

現金《げんきん》を使《つか》わないキャッシュレス決済《けっさい》が当《あ》たり前《まえ》に

★主《おも》な読《よ》み【現】あらわ-れる/あらわ-す/ゲン　★その他《た》の用語《ようご》「現金《げんきん》」とは、硬貨《こうか》(コイン)と紙幣《しへい》(お札《さつ》)のこと。「キャッシュ」とも表現《ひょうげん》する。

なった昨今《さっこん》だが、寺《てら》や神社《じんじゃ》などにお参《まい》りしたときに電子《でんし》マネーで賽銭《さいせん》を「入《い》れる」ようなことには、まだ抵抗《ていこう》があるはずだ。特《とく》に、病気《びょうき》を治《なお》すとか、受験《じゅけん》で合格《ごうかく》したいとか、具体的《ぐたいてき》な願《ねが》いをかなえたいような場合《ばあい》は、現金《げんきん》でないとご利益《りやく》がないように感《かん》じられるのではないだろうか。

※ご利益《りやく》……幸福《こうふく》、めぐみが得《え》られること

(問《と》い)「ご利益《りやく》がない」とありますが、なぜそう感《かん》じられるのでしょうか。考《かんが》えられる理由《りゆう》を次《つぎ》のようにまとめました。(　　)に入《はい》る言葉《ことば》を考《かんが》えて埋《う》めなさい。

・具体的《ぐたいてき》ではっきりした願《ねが》いをかなえたいときには、電子《でんし》マネーのように(　　)ものよりも、現金《げんきん》のように(　　)もののほうが効果《こうか》が出《で》そうな感《かん》じを受《う》けるから。

実

3年《ねん》

「実」のイメージ
・見《み》える ・見《み》えている
・形《かたち》がある(有形《ゆうけい》)
・リアル ・存在《そんざい》する

●用語《ようご》のイメージ

事実《じじつ》
形《かたち》あるものごと。見《み》えているものごと。

実現《じつげん》させる
形《かたち》あるものにする。

実体《じったい》がある
形《かたち》がある。見《み》える。

↑↓

実体《じったい》がない
形《かたち》がない。見《み》えない。

実力《じつりょく》
形《かたち》ある能力《のうりょく》。リアルな能力《のうりょく》。

実利《じつり》
形《かたち》ある利益《りえき》。リアルな利益《りえき》。

●その他《た》の用語《ようご》

現実《げんじつ》・実際《じっさい》・実験《じっけん》・実態《じったい》・実質《じっしつ》
実行《じっこう》・実践《じっせん》・口実《こうじつ》・結実《けつじつ》・実情《じつじょう》

3

次《つぎ》の文章中《ぶんしょうちゅう》の（　）を埋《う》めるのにふさわしい言葉《ことば》をあとの□から選《えら》び、書《か》き入《い》れなさい。同《おな》じ言葉《ことば》を二度《にど》使《つか》うことはできません。

12点《てん》×3

「花《はな》より団子《だんご》」という言葉《ことば》があります。

桜《さくら》を見《み》ているよりも、桜《さくら》の下《した》で団子《だんご》を食《た》べているほうがいいだろう。桜《さくら》を見《み》ていても、おなかいっぱいにはならないじゃないか——といった意味合《いみあ》いのことわざです。

お花見《はなみ》は風流《ふうりゅう》で美《うつく》しい行為《こうい》であり、「心《こころ》」は満《み》たされますが、たしかに「おなか」は満《み》たされません。

つまり、「花《はな》より団子《だんご》」とは、風流《ふうりゅう》を楽《たの》しむよりも（　　　）を得《え》る姿勢《しせい》、さらに広《ひろ》い意味《いみ》で言《い》えば、（　　　）の価値《かち》よりも（　　　）の価値《かち》を大事《だいじ》にする姿勢《しせい》を、意味《いみ》しているわけですね。

例《れい》を挙《あ》げるならば、映画館《えいがかん》での思《おも》い出《で》は映画《えいが》そのものよりもおいしいポップコーンだったとか、プレゼントにおしゃれな帽子《ぼうし》をもらうよりは現金《げんきん》がほしいとか、そういう話《はなし》になるでしょう。

無形《むけい》	事実《じじつ》	有形《ゆうけい》	実現《じつげん》	実利《じつり》

4

次《つぎ》の文章中《ぶんしょうちゅう》の（　）を埋《う》めるのにふさわしい言葉《ことば》をあとの□から選《えら》び、書《か》き入《い》れなさい。

13点《てん》

時間《じかん》というものは、本来《ほんらい》、目《め》に見《み》えないものだ。それをあたかも目《め》に見《み》えるかのようにした画期的《かっきてき》な道具《どうぐ》が、時計《とけい》である。

つまり、時計《とけい》は時間《じかん》に（　　　）を与《あた》えたわけだ。

現実《げんじつ》	実体《じったい》	口実《こうじつ》	実行《じっこう》

★4「口実《こうじつ》」とは、「言《い》い逃《のが》れるための理由《りゆう》」を意味《いみ》する。

体

2年《ねん》

「体」のイメージ
・見《み》えている
・外《そと》から見《み》える
・形《かたち》がある(有形《ゆうけい》)

●用語《ようご》のイメージ

具体的《ぐたいてき》 ⟷ 抽象的《ちゅうしょうてき》
形《かたち》をもっている。 形《かたち》をもっていない。

体験《たいけん》
形《かたち》ある経験《けいけん》。

体裁《ていさい》
外《そと》から見《み》た様子《ようす》。

肉体《にくたい》 ⟷ 精神《せいしん》
形《かたち》あるからだ。 形《かたち》なきこころ。

物体《ぶったい》 ⟷ 精神《せいしん》
見《み》えている物《もの》。 見《み》えていないこころ。

●その他《た》の用語《ようご》

実体《じったい》・全体《ぜんたい》・身体《しんたい》・体得《たいとく》・体系《たいけい》

---

5 次《つぎ》の文章《ぶんしょう》を読《よ》み、あとの問《と》いに答《こた》えなさい。 15点《てん》

四月《しがつ》になると、学校《がっこう》の教室《きょうしつ》では、新年度《しんねんど》の目標《もくひょう》を書《か》く場面《ばめん》がよくみられる。目標《もくひょう》をもって学校生活《がっこうせいかつ》を送《おく》るというのはとてもよいことだ。ただ、AさんもBさんもCさんも、みんな「算数《さんすう》をがんばる」が目標《もく》《ひょう》になっていたりすることがある。そこで先生《せんせい》は、次《つぎ》のように声《こえ》をかける。

「みなさん、具体的《ぐたいてき》な目標《もくひょう》を書《か》くようにしましょう。たとえば、計算問題《けいさんもんだい》を一日《いちにち》五問《ごもん》ずつ続《つづ》ける、漢字《かんじ》ドリルを一日《いちにち》二ページ進《すす》める、とかね」

(問《と》い) 具体的《ぐたいてき》な目標《もくひょう》とは、どのような目標《もくひょう》のことですか。説明《せつめい》しなさい。

★主《おも》な読《よ》み【体】からだ/タイ/テイ ★その他《た》の用語《ようご》「体得《たいとく》」とは、体験《たいけん》をとおして(技術《ぎじゅつ》などを)身《み》につけること。「体系《たいけい》」については132ページ参照《さんしょう》。

解答《かいとう》 ②⑤は例《れい》

① 現実《げんじつ》

② 形《かたち》のない・形《かたち》のある

③ 実利《じつり》・無形《むけい》・有形《ゆうけい》

④ 実体《じったい》

⑤ 何《なに》をどのくらいするのかが分《わ》かるような、形《かたち》ある目標《もくひょう》。

解説《かいせつ》

①

「目《め》にした」「目《ま》の当《あ》たりにした」といった表現《ひょうげん》に注目《ちゅうもく》すると、「目《め》に見《み》える現実《げんじつ》」がそこにあった、という意味合《いみあ》いが伝《つた》わってきます。

また、「自分《じぶん》よりうまい人《ひと》が来《こ》ないといいなあ」というように理想的《りそうてき》イメージを抱《いだ》いていたけれども目《め》の前《まえ》の現実《げんじつ》はこうだった、という対比的《たいひてき》な文《ぶん》になっており、「理想《りそう》」のようなプラスの表現《ひょうげん》は不向《ふむ》きです。

なお、「イメージ」とは想像《そうぞう》、つまり心《こころ》の中《なか》に像《ぞう》を描《えが》くことであり、「目《め》にした」などの表現《ひょうげん》に合《あ》いません。

②

形《かたち》ある「現金《げんきん》」が、形《かたち》ある願《ねが》いをかなえてくれる。

そういう発想《はっそう》で書《か》かれた文章《ぶんしょう》です。

現金の「現」に注目します。現金《げんきん》とは、「目《め》に見《み》える、形《かたち》あるお金《かね》」のことです（硬貨《こうか》や紙幣《しへい》）。

ヒントとなるのは、理由《りゆう》をまとめた文《ぶん》の中《なか》に書《か》かれた、「具体的《ぐたいてき》ではっきりした願《ねが》いをかなえたいときには」という部分《ぶぶん》です。

「具体的《ぐたいてき》」の「体《たい》」の字《じ》は「現《げん》」と同様《どうよう》、「形《かたち》がある」というイメージをもちます（あとの問《と》いで登場《とうじょう》）。

つまり、「具体的《ぐたいてき》な願《ねが》いは具体的《ぐたいてき》なモノ（を使《つか》った具体的《ぐたいてき》な行為《こうい》）によってこそ、かなうはずだ」ということなのです。

③

「花《はな》より団子《だんご》」を整理《せいり》すると、次《つぎ》の表《ひょう》のようになるでしょう。

花《はな》	団子《だんご》
・心《こころ》が満《み》たされる ・風流《ふうりゅう》を楽《たの》しむ ・無形《むけい》の価値《かち》 ・映画《えいが》を観《み》る ・おしゃれな帽子《ぼうし》	おなかが満《み》たされる 実利《じつり》を得《え》る 有形《ゆうけい》の価値《かち》 ポップコーンを食《た》べる 現金《げんきん》

このように表《ひょう》に整理《せいり》して考《かんが》えると、答《こた》えが見《み》えてくるはずです。

「おなかが満《み》たされる」というのは、形《かたち》ある、リアルな利益《りえき》、つまり「実利《じつり》」です。

そして、この「実《じつ》」から「有形《ゆうけい》」をイメージし、同時《どうじ》に反対《はんたい》の「無形《むけい》」もイメージする。

このように、漢字《かんじ》のイメージで理解《りかい》していくこと。これがこの本《ほん》の主眼《しゅがん》です。

なお、❷でも扱《あつか》った「現金《げんきん》」もヒントになっていることに注意《ちゅうい》しましょう。

---

❹「目《め》に見《み》えない」とは「実体《じったい》がない」ことであり、「目《め》に見《み》える」とは「実体《じったい》がある」ことです。

❺

抽象的《ちゅうしょうてき》な目標《もくひょう》	具体的《ぐたいてき》な目標《もくひょう》
・「算数《さんすう》をがんばる」	「計算問題《けいさんもんだい》を一日《いちにち》五問《ごもん》ずつ続《つづ》ける」「漢字《かんじ》ドリルを一日《いちにち》二《に》ページ進《すす》める」
・何《なに》をどのくらいするのかが分《わ》かりにくい	何《なに》をどのくらいするのかが分《わ》かりやすい
・形《かたち》のない目標《もくひょう》	形《かたち》のある目標《もくひょう》

「具体的《ぐたいてき》」の「体《たい》」は「形《かたち》がある」イメージをもちますから、この時点《じてん》で答《こた》えは出《で》ています。

あわせて、一日《いちにち》五問《ごもん》、一日《いちにち》二《に》ページ、といった数《すう》値《ち》化された目標《もくひょう》の意味《いみ》を考《かんが》えれば、ここで言《い》う「形《かたち》」とは、「分《わ》かりやすさ」であることが分《わ》かります。

形《かたち》がある・ない（2）

月　日
点《てん》
／100点《てん》

物
3年《ねん》

「物」のイメージ
・見《み》える　・見《み》えている
・形《かたち》がある（有形《ゆうけい》）

●用語《ようご》のイメージ

物体《ぶったい》　形《かたち》ある、見《み》えているモノ。

物理的《ぶつりてき》　形《かたち》あるモノ的《てき》な。　↔　**心理的《しんりてき》**　形《かたち》なきココロ的《てき》な。

現物《げんぶつ》　形《かたち》ある実際《じっさい》のモノ。

実物《じつぶつ》　形《かたち》あるホンモノ。　↔　**イメージ上《じょう》の物《もの》**　形《かたち》なきニセモノ。想像上《そうぞうじょう》の形《かたち》なきモノ。

●その他《た》の用語《ようご》

物質《ぶっしつ》・物品《ぶっぴん》・物件《ぶっけん》・物資《ぶっし》・人物《じんぶつ》・名物《めいぶつ》

---

1 次《つぎ》の会話《かいわ》における——部《ぶ》の意味《いみ》としてふさわしいものを、あとのア〜エから二《ふた》つ選《えら》び、記号《きごう》にマルをつけなさい。　5点《てん》×2

A「ねえ、こんど一緒《いっしょ》にスキーに行《い》こうよ」
B「うーん、ちょっと難《むずか》しいな」
A「え〜、スキー嫌《きら》いだっけ？　それとも、単《たん》に気《き》が乗《の》らないとか？」
B「いや、そういうことじゃなくて、最近《さいきん》、足《あし》にケガしちゃって」
A「そうか。そういう理由《りゆう》なら、行《い》けなくてもしかたないね」

ア　心理的《しんりてき》な理由《りゆう》
イ　身体的《しんたいてき》な理由《りゆう》
ウ　物理的《ぶつりてき》な理由《りゆう》
エ　精神的《せいしんてき》な理由《りゆう》

象

5年《ねん》

「象」のイメージ
・形《かたち》　・特徴《とくちょう》
・見《み》える　・見《み》えている

●用語《ようご》のイメージ

現象《げんしょう》
現《あらわ》れている形《かたち》。

抽象《ちゅうしょう》 ↔ **具象《ぐしょう》／具体《ぐたい》**
形《かたち》を引《ひ》き出《だ》す。※ ／ 形《かたち》をもつ。※
特徴《とくちょう》を引《ひ》き出《だ》す。 ／ 特徴《とくちょう》をもつ。

印象《いんしょう》
心《こころ》に残《のこ》る形《かたち》。

象徴《しょうちょう》
イメージを形《かたち》にしたもの。

●その他《た》の用語《ようご》
事象《じしょう》・対象《たいしょう》・気象《きしょう》
心象《しんしょう》・捨象《しゃしょう》・万象《ばんしょう》

※たとえば「レモン」がもつ「酸《す》っぱい食《た》べ物《もの》」という特徴《とくちょう》（形《かたち》）を引《ひ》き出《だ》し、あとの特徴《とくちょう》を捨《す》てる（捨象《しゃしょう》する）のが、抽象化《ちゅうしょうか》。その結果《けっか》、意味《いみ》が広《ひろ》がり、形《かたち》がぼんやりする。逆《ぎゃく》に、「酸《す》っぱい食《た》べ物《もの》」に、「黄色《きいろ》い」「果物《くだもの》」といった形《かたち》を加《くわ》えると、具体的《ぐたいてき》になり、形《かたち》がはっきりする。

2 次《つぎ》の文章中《ぶんしょうちゅう》の（　）を埋《う》めるのにふさわしい言葉《ことば》をあとの□から選《えら》び、書《か》き入《い》れなさい。同《おな》じ言葉《ことば》を二度《にど》使《つか》うことはできません。　10点《てん》×3

今度《こんど》、うちのクラスの授業《じゅぎょう》をたくさんの先生方《せんせいがた》が参観《さんかん》しに来《く》るらしい。（　　）となっているのは、教師《きょうし》になりたての若《わか》い先生方《せんせいがた》だと言《い》うから、うちのクラスを（　　）する活発《かっぱつ》な発言《はつげん》を、ぜひ見《み》てほしいと思《おも》う。きっと、若《わか》い先生方《せんせいがた》にとって（　　）に残《のこ》るような授業《じゅぎょう》になるはずだ。

印象《いんしょう》　現象《げんしょう》　象徴《しょうちょう》　対象《たいしょう》　気象《きしょう》

3 次《つぎ》の文章《ぶんしょう》の――部《ぶ》の意味《いみ》を言《い》いかえたものとしてふさわしいものをあとのア～エから二《ふた》つ選《えら》び、記号《きごう》にマルをつけなさい。　5点《てん》×2

日本人《にほんじん》は同調圧力《どうちょうあつりょく》に弱《よわ》い。周囲《しゅうい》の多《おお》くの人《ひと》が同《おな》じ

★主《おも》な読《よ》み【象】ショウ/ゾウ　★その他《た》の用語《ようご》「心象《しんしょう》」とは、イメージのこと。「万象《ばんしょう》」は、「森羅万象《しんらばんしょう》」（形《かたち》あるすべてのものごと）という表現《ひょうげん》でよく用《もち》いられる。

ような言動《げんどう》をしている場合《ばあい》、それに左右《さゆう》されてしまい、自分《じぶん》なりの判断《はんだん》で行動《こうどう》できなくなる。

コロナ禍《か》におけるマスクは、同調圧力《どうちょうあつりょく》の象徴《しょうちょう》だったと言《い》えるだろう。自分《じぶん》では、マスクは隙間《すきま》があって役《やく》に立《た》たないと思《おも》っており、息苦《いきぐる》しくて外《はず》したい、友《とも》だちの顔《かお》も互《たが》いに見《み》えるようにしたい、などと思《おも》っていたとしても、周《まわ》りがみんなマスクをしていると、自分《じぶん》から外《はず》すことができない。

コロナ禍《か》は、同調圧力《どうちょうあつりょく》に対《たい》する日本人《にほんじん》の弱《よわ》さを、浮《う》き彫《ぼ》りにしたと言《い》えるだろう。

ア　自分《じぶん》で判断《はんだん》できず他人《たにん》に左右《さゆう》されるような日本《にほん》人《じん》のありさまを抽象的《ちゅうしょうてき》に示《しめ》すのが、マスクである。

イ　自分《じぶん》で判断《はんだん》できず他人《たにん》に左右《さゆう》されるような日本《にほん》人《じん》の姿《すがた》を正確《せいかく》に表《あらわ》しているのが、マスクである。

ウ　自分《じぶん》で判断《はんだん》できず他人《たにん》に左右《さゆう》されるような日本《にほん》人《じん》の姿《すがた》を特徴的《とくちょうてき》に示《しめ》すのが、マスクである。

エ　自分《じぶん》で判断《はんだん》できず他人《たにん》に左右《さゆう》されるような日本《にほん》人《じん》のありさまを最《もっと》もよく形《かたち》にしたのが、マスクである。

4　次《つぎ》の文章中《ぶんしょうちゅう》の二《ふた》つの（　）には、同《おな》じ言葉《ことば》が入《はい》ります。これを埋《う》めるのにふさわしい言葉《ことば》をあとの□から二《ふた》つ選《えら》び、マルで囲《かこ》みなさい。

9点《てん》×2

焼肉屋《やきにくや》でもお好《この》み焼《や》き屋《や》でも、焼《や》くプロセスはセルフサービスになっていることがよくある。一方《いっぽう》で、学校《がっこう》の授業《じゅぎょう》において、教師《きょうし》があまり教《おし》えずに子《こ》どもどうしで教《おし》え合《あ》うようなパターンがよく見《み》られるが、これもいわばセルフサービスである。

この二《ふた》つの（　）は、無関係《むかんけい》ではないだろう。いずれも、プロの技術《ぎじゅつ》の価値《かち》が軽《かろ》んじられている（　）である。

現象《げんしょう》	抽象《ちゅうしょう》	事象《じしょう》	想像《そうぞう》

★❹「事象《じしょう》」は、「事実《じじつ》」と「現象《げんしょう》」が組《く》み合《あ》わさったような言葉《ことば》。単《たん》に「ことがら」と言《い》いかえてもかまわない。

像

5年《ねん》

「像」のイメージ
・形《かたち》
・似《に》せた形《かたち》
・イメージ

●用語《ようご》のイメージ

想像《そうぞう》　心《こころ》にイメージする。心《こころ》に浮《う》かぶ形《かたち》。

理想像《りそうぞう》　理想《りそう》の（これが一番《いちばん》よいと思《おも》える）イメージ。

全体像《ぜんたいぞう》　全体《ぜんたい》のイメージ。

人物像《じんぶつぞう》　人物《じんぶつ》の姿《すがた》・形《かたち》や経歴《けいれき》、人間性《にんげんせい》などのイメージ。

実像《じつぞう》　実際《じっさい》の姿《すがた》・形《かたち》。　↔　**虚像《きょぞう》**　似《に》せた形《かたち》。作《つく》られたイメージ。

●その他《た》の用語《ようご》

画像《がぞう》　**映像《えいぞう》**　**残像《ざんぞう》**　**自画像《じがぞう》**

5　次《つぎ》の①～④の——部《ぶ》に当《あ》てはまる意味《いみ》をもつ言葉《ことば》をあとの□から選《えら》び、書《か》き入《い》れなさい。同《おな》じ言葉《ことば》を二度使《にどつか》うことはできません。　8点《てん》×4

① いつも笑顔《えがお》で、静《しず》かなしゃべり方《かた》をする。メディアが作《つく》った彼女《かのじょ》のそういう姿《すがた》にだまされているファンも多《おお》い。（　　）

② 一日三〇分《いちにちさんじっぷん》の英語学習《えいごがくしゅう》を毎日続《まいにちつづ》けるというのはかなり難《むずか》しいが、やはりそのくらいのイメージをもって取《と》り組《く》もうと思《おも》う。（　　）

③ 事件《じけん》の犯人《はんにん》はどんな人相《にんそう》で、どんないでたちで、どんな行動《こうどう》をとっていたのか。それをつかまないと、捜査《そうさ》は難《むずか》しい。（　　）

④ 登場人物《とうじょうじんぶつ》が何《なに》を望《のぞ》み、何《なに》に失敗《しっぱい》し、どう挽回《ばんかい》して何《なに》を成《な》し遂《と》げるのか。小説《しょうせつ》であれ映画《えいが》であれ、批評文《ひひょうぶん》を書《か》こうとするならば、それをつかんだ上《うえ》で書《か》かないとね。（　　）

全体像《ぜんたいぞう》　人物像《じんぶつぞう》　虚像《きょぞう》　自画像《じがぞう》　理想像《りそうぞう》

解答《かいとう》

❶ イ・ウ

❷ 対象《たいしょう》・象徴《しょうちょう》・印象《いんしょう》

❸ ウ・エ

❹ 現象《げんしょう》・事象《じしょう》

❺ ①虚像《きょぞう》 ②理想像《りそうぞう》 ③人物像《じんぶつぞう》 ④全体像《ぜんたいぞう》

解説《かいせつ》

❶ 足《あし》にケガをしたというのは、イ「身体的《しんたいてき》な理由《りゆう》」です。そして、ウ「物理的《ぶつりてき》な理由《りゆう》」というのは、「形《かたち》ある理由《りゆう》」のことです。身体的理由《しんたいてきりゆう》もこれに含《ふく》まれます。「物理的《ぶつりてき》な理由《りゆう》」とは、意志《いし》によってどうしようもないこと、いわゆる「不可抗力《ふかこうりょく》」ということになります。ですから、「時間的《じかんてき》な理由《りゆう》」なども、物理的理由《ぶつりてきりゆう》の一《ひと》つになりうるでしょう。

なお、ア「心理的《しんりてき》な理由《りゆう》」、エ「精神的《せいしんてき》な理由《りゆう》」というのは、意志《いし》によってどうにかなる、「形《かたち》なき理由《りゆう》」ですから、間違《まちが》いです。

❷ 「うちのクラスを象徴《しょうちょう》する活発《かっぱつ》な発言《はつげん》」という部分《ぶぶん》がポイントです。「うちのクラス」のイメージを形《かたち》にすると、「活発《かっぱつ》な発言《はつげん》」だ、ということです。象《しょう》徴《ちょう》の「徴《ちょう》」は「しるし」とも読《よ》みます。「うちのクラス」にしるしをつけるならこれ、といった意味合《いみあ》いです。

❸ 象徴《しょうちょう》とは、具体的《ぐたいてき》な形《かたち》によってイメージを表《あらわ》すものですから、ア「抽象的《ちゅうしょうてき》に示《しめ》す」では意味《いみ》が逆《ぎゃく》になります。イ「正確《せいかく》に表《あらわ》している」は、「象徴《しょうちょう》」と無《む》関係《かんけい》の表現《ひょうげん》です。

❹ 「技術《ぎじゅつ》の価値《かち》の軽視《けいし》」という「本質《ほんしつ》」が形《かたち》になって現《あらわ》れている、ということです。「本質《ほんしつ》」は「現象《げんしょう》」の反対語《はんたいご》です。覚《おぼ》えておきましょう。

❺ ①に「人物像《じんぶつぞう》」が入《はい》りそうですが、③で使《つか》うため、①では使《つか》えません。

形《かたち》がある・ない(3)

月　日
点《てん》
／100点《てん》

形

2年《ねん》

「形」のイメージ
・形《かたち》　・外《そと》から見《み》える
・見《み》えている　・外側《そとがわ》

●用語《ようご》のイメージ

有形《ゆうけい》　形《かたち》がある。 ↔ 無形《むけい》　形《かたち》がない。

外形《がいけい》　外《そと》から見《み》える。 ↔ 内実《ないじつ》／実質《じっしつ》　外《そと》から見《み》えない。

形式《けいしき》　外側《そとがわ》。 ↔ 内容《ないよう》　内側《うちがわ》。

形容《けいよう》する　形《かたち》ある言葉《ことば》で表現《ひょうげん》する。

●その他《た》の用語《ようご》

原形《げんけい》　定形《ていけい》　形勢《けいせい》　形作《かたちづく》る

1 次《つぎ》の①・②の——部《ぶ》に当《あ》てはまる意味《いみ》をもつ言葉《こと》《ば》をあとの□から二《ふた》つずつ選《えら》び、書《か》き入《い》れなさい。同《おな》じ言葉《ことば》を二度使《にどつか》うことはできません。　10点《てん》×4

① 笑顔《えがお》だからといって楽《たの》しんでいるとは限《かぎ》らないし、暗《くら》い表情《ひょうじょう》だからといって元気《げんき》がないとも限《かぎ》らない。顔《かお》から分《わ》かることには限界《げんかい》があるわけだ。

（　　　　）情報《じょうほう》
（　　　　）情報《じょうほう》

② 日々《ひび》浮《う》かんでくるアイデアは、そのままにしておかず、ノートに書《か》き留《と》めるようにしたいものだ。ぼんやりとしたイメージはすぐ消《き》えてしまいがちだからだ。

（　　　　）イメージ
（　　　　）イメージ

無形《むけい》の　外形的《がいけいてき》な　形《かたち》だけの　形《かたち》のない

型

5年《ねん》

「型」のイメージ
・形《かたち》
・もとになる形《かたち》

●用語《ようご》のイメージ

典型《てんけい》　代表的《だいひょうてき》な形《かたち》。代表例《だいひょうれい》。

類型《るいけい》　共通《きょうつう》する形《かたち》。

定型《ていけい》　決《き》まった形《かたち》。

型破《かたやぶ》り　決《き》まった形《かたち》から外《はず》れている。

●その他《た》の用語《ようご》

新型《しんがた》　**模型《もけい》**　**体型《たいけい》**　**文型《ぶんけい》**

型《かた》にはめる　**型《かた》どおり**

---

2 次《つぎ》の①〜④の——部《ぶ》に当《あ》てはまる意味《いみ》をもつ言葉《ことば》をあとの□から選《えら》び、書《か》き入《い》れなさい。同《おな》じ言葉《ことば》を二度使《にどつか》うことはできません。　10点《てん》×4

① アルバイト店員《てんいん》であっても、決《き》まった形《かたち》のあいさつで接客《せっきゃく》するばかりではなく、心《こころ》のこもった言葉《ことば》でもてなす気持《き》ちを忘《わす》れないでほしい。
（　　　　あいさつ）

② くしゃみ、鼻水《はなみず》、鼻《はな》づまり、目《め》のかゆみ。これらが、花粉症《かふんしょう》の代表的《だいひょうてき》な形《かたち》です。
（花粉症《かふんしょう》の　　　　症状《しょうじょう》）

③ 価格《かかく》の高低《こうてい》を横軸《よこじく》に、品質《ひんしつ》の高低《こうてい》を縦軸《たてじく》にして、商品《しょうひん》を四《よっ》つの形《かたち》に分《わ》けた結果《けっか》、どの商品《しょうひん》が自分《じぶん》に向《む》いているのかが分《わ》かってきました。
（四《よっ》つに　　　　結果《けっか》）

④ ルールが変《か》わって世《よ》の中《なか》がよりよくなるためには、決《き》まった形《かたち》とは異《こと》なる考《かんが》え方《かた》が必要《ひつよう》です。
（　　　　考《かんが》え方《かた》）

典型的《てんけいてき》な　類型化《るいけいか》した　定型的《ていけいてき》な　型破《かたやぶ》りな

表

3年《ねん》

「表」のイメージ
・見《み》えている外側《そとがわ》
・形《かたち》ある外側《そとがわ》

●用語《ようご》のイメージ

表面《ひょうめん》 見《み》えている外側《そとがわ》。 ↔ 裏面《うらめん》 見《み》えていない内側《うちがわ》。

表現《ひょうげん》 気持《きも》ちや考《かんが》えを形《かたち》にして外《そと》に出《だ》す。

公**表**《こうひょう》 内《うち》に隠《かく》していたことを外《そと》に見《み》せる。 ↔ 秘匿《ひとく》 内《うち》に隠《かく》したままで外《そと》に見《み》せない。

表明《ひょうめい》 考《かんが》えをはっきりと形《かたち》にして外《そと》に出《だ》す。

●その他《た》の用語《ようご》

表情《ひょうじょう》・表示《ひょうじ》・代表《だいひょう》・発表《はっぴょう》
表沙汰《おもてざた》にする・意表《いひょう》を突《つ》く

3 次《つぎ》の文章《ぶんしょう》を読《よ》み、あとの問《と》いに答《こた》えなさい。 20点《てん》

紅白歌合戦《こうはくうたがっせん》に出場《しゅつじょう》したアイドル歌手《かしゅ》A子《こ》さんが、その数十分後《すうじっぷんご》、元日《がんじつ》になったとたんにSNS上《じょう》で引退《いんたい》を表明《ひょうめい》。そこにはさらに、「午前一一時《ごぜんじゅういちじ》にお知《し》らせがあります」と書《か》かれていた。そして午前一一時《ごぜんじゅういちじ》。「私《わたし》はこのたび、歌手《かしゅ》のKさんと結婚致《けっこんいた》しました」。Kさんとともにアップされた写真《しゃしん》で、A子《こ》さんは明《あか》るい表情《ひょうじょう》だったが、ファンの心《こころ》は穏《おだ》やかではなかった。SNSにはお祝《いわ》いの言葉《ことば》も多《おお》く見《み》られたが、紅白直後《こうはくちょくご》の公表《こうひょう》を疑問視《ぎもんし》する声《こえ》も。紅白《こうはく》で新《あら》たにファンになった人《ひと》も多《おお》くいただろうに、といった戸惑《とまど》いの言葉《ことば》が、さまざまな表現《ひょうげん》で綴《つづ》られていた。

(問《と》い) この文章《ぶんしょう》をまとめた次《つぎ》の文《ぶん》の空欄《くうらん》を埋《う》めます。文中《ぶんちゅう》に書《か》かれた言葉《ことば》を抜《ぬ》き出《だ》して答《こた》えること。

「結婚《けっこん》を（　　　）するタイミングについて、A子《こ》のファンらから疑問視《ぎもんし》する声《こえ》が上《あ》がった」

解答《かいとう》

❶ ①外形的《がいけいてき》な（情報《じょうほう》）・形《かたち》だけの（情報《じょうほう》）
②無形《むけい》の（イメージ）・形《かたち》のない（イメージ）

❷ ①定型的《ていけいてき》な（あいさつ）
②（花粉症《かふんしょう》の）典型的《てんけいてき》な（症状《しょうじょう》）
③（四《よっ》つに）類型化《るいけいか》した（結果《けっか》）
④型破《かたやぶ》りな（考《かんが》え方《かた》）

❸ 公表《こうひょう》

解説《かいせつ》

❶ ①「笑顔《えがお》・暗《くら》い表情《ひょうじょう》」は「顔《かお》」であり、外側《そとがわ》の形《かたち》ある情報《じょうほう》です。一方《いっぽう》、「楽《たの》しんでいる・元気《げんき》がない」は「心《こころ》」であり、内側《うちがわ》の形《かたち》なき情報《じょうほう》です。単《たん》に答《こた》えるのではなく、こうした対比《たいひ》を意識《いしき》して答《こた》えることが大切《たいせつ》です。
②「ぼんやり」というような和語《わご》（訓読《くんよ》みの表現《ひょうげん》）を、「無形《むけい》」などと漢語《かんご》（音読《おんよ》みの表現《ひょうげん》）に変換《へんかん》できる漢字力《かんじりょく》を、身《み》につけましょう。

❷ ①には「典型的《てんけいてき》な」と「類型化《るいけいか》した」も入《はい》りそうですが、「類型化《るいけいか》した」は③、「典型的《てんけいてき》な」は②で使《つか》うため、「定型的《ていけいてき》な」にしぼられます。④の「決《き》まった形《かたち》」は常識《じょうしき》のイメージ、「型破《かたやぶ》り」は非常識《ひじょうしき》あるいは逆説《ぎゃくせつ》のようなイメージをもちます。

❸ 「表」を使《つか》った言葉《ことば》は、「表明《ひょうめい》」「表情《ひょうじょう》」「公表《こうひょう》」「表《ひょう》現《げん》」の四《よっ》つが登場《とうじょう》しています。マルで囲《かこ》んでみましょう。
答《こた》えとしては、「表明《ひょうめい》」と「公表《こうひょう》」が両方入《りょうほうはい》りそうですが、文中《ぶんちゅう》に「紅白直後《こうはくちょくご》の公表《こうひょう》」とあるのは結《けっ》婚《こん》の公表《こうひょう》を指《さ》しますから、「公表《こうひょう》」とするのが自然《しぜん》です。そもそも、これまで隠《かく》していたことを外《そと》に見《み》せるという意味合《いみあ》いを強《つよ》くもつのは、「公表《こうひょう》」のほうです。とはいえ、「表明《ひょうめい》」も入《はい》りうるため、半分《はんぶん》の十点《じってん》とします。

形《かたち》がある・ない（4）

月　日
点《てん》
／100点《てん》

気

1年《ねん》

「気」のイメージ
・形《かたち》がない
・目《め》に見《み》えない
・心《こころ》

●用語《ようご》のイメージ

空《くう》気《き》（を読《よ》む）
目《め》に見《み》えないが、その場《ば》の人々《ひとびと》を支配《しはい》している、思《おも》いや考《かんが》え。その場《ば》の雰囲気《ふんいき》。

気《き》品《ひん》
目《め》に見《み》えないが感《かん》じられる上品《じょうひん》さ。

気《き》運《うん》
ものごとが向《む》かっている、形《かたち》なき方向性《ほうこうせい》。

気《き》質《しつ》
ある人《ひと》の、目《め》に見《み》えない心《こころ》のありよう。

●その他《た》の用語《ようご》

活《かっ》気《き》　気《き》力《りょく》　気《き》迫《はく》　熱《ねっ》気《き》　気《き》概《がい》　気《き》負《お》う

1

次《つぎ》の①〜③の——部《ぶ》に当《あ》てはまる意味《いみ》をもつ言葉《ことば》をあとの□から選《えら》び、書《か》き入《い》れなさい。同《おな》じ言葉《ことば》を二度《にど》使《つか》うことはできません。

全問《ぜんもん》できて＋1点《てん》
8点《てん》×3

① 彼《かれ》は、小《ちい》さな頃《ころ》からいじめっ子《こ》のようなふるまいばかりしていたが、大人《おとな》になった今《いま》は、弱《よわ》い者《もの》を守《まも》るための仕事《しごと》に精《せい》を出《だ》しているらしい。

（いじめっ子《こ》　　　　だったが）

② あのベテラン女優《じょゆう》は、風邪《かぜ》を引《ひ》いていても語《かた》り口《くち》はなめらかだし、本来《ほんらい》もっている高貴《こうき》な印象《いんしょう》がくずれないなあ。

（本来《ほんらい》もっている　　　　ある印象《いんしょう》）

③ コロナ禍《か》が終《お》わり、外食《がいしょく》や旅行《りょこう》、イベント等《とう》に積極的《せっきょくてき》にお金《かね》を使《つか》う人《ひと》が増《ふ》えて、世《よ》の中《なか》が経済活《けいざいかっ》性化《せいか》に向《む》かって動《うご》き出《だ》したように見《み》える。

（経済活性化《けいざいかっせいか》の　　　　が高《たか》まった）

気運《きうん》　気質《きしつ》　気品《きひん》　気力《きりょく》

★主《おも》な読《よ》み【気】キ/ケ　★その他《た》の用語《ようご》「気概《きがい》」とは、困難《こんなん》にくじけない気持《きも》ちのこと。

裏

6年《ねん》

「裏」のイメージ
・見《み》えない　・内側《うちがわ》
・隠《かく》されている

●用語《ようご》のイメージ

裏側《うらがわ》
見《み》えていない隠《かく》された部分《ぶぶん》。

裏表《うらおもて》（のない人《ひと》）
場面《ばめん》ごとに本心《ほんしん》を見《み》せたり隠《かく》したりしない人《ひと》。

裏話《うらばなし》・裏《うら》事情《じじょう》
一般《いっぱん》には知《し》られていない、隠《かく》された話《はなし》。

裏《うら》づける
見《み》えていない面《めん》から根拠《こんきょ》づける。

脳《のう》裏《り》
頭《あたま》・心《こころ》の内側《うちがわ》。

●その他《た》の用語《ようご》

裏《うら》で悪事《あくじ》を働《はたら》く　**裏《うら》どりする**　**裏金《うらがね》**
秘密《ひみつ》裏《り》　**成功《せいこう》裏《り》**

---

2 次《つぎ》の各文中《かくぶんちゅう》の（　）を埋《う》めるのにふさわしい言葉《ことば》をあとの□から選《えら》び、書《か》き入《い》れなさい。同《おな》じ言葉《ことば》を二度使《にどつか》うことはできません。

8点《てん》×6

① この事件《じけん》を批判的《ひはんてき》に報道《ほうどう》する以上《いじょう》、それ相応《そうおう》の（取材《しゅざい》）を行《おこな》っているはずだ。

② 三年前《さんねんまえ》までプロ野球《やきゅう》チームの監督《かんとく》だったAさんが語《かた》る「ドラフト会議《かいぎ》の（　　）」が、新《あたら》しく出《で》たAさんの本《ほん》に詳《くわ》しく書《か》かれていた。

③ あの芸人《げいにん》が好《この》まれているのは、（　　）のないキャラクターのおかげだろうね。

④ 今回《こんかい》の航空機事故《こうくうきじこ》の（　　）を探《さぐ》ったドキュメンタリーが放送《ほうそう》された。

⑤ 人前《ひとまえ》に立《た》つたびに（　　）をよぎるのは、亡《な》くなる直前《ちょくぜん》に母《はは》が言《い》ったあの一言《ひとこと》だ。

⑥ オリンピックは（　　）に終《お》わった。

裏話《うらばなし》　成功裏《せいこうり》　裏表《うらおもて》　裏側《うらがわ》　裏《うら》づけ　脳裏《のうり》

心

2年《ねん》

「心」のイメージ

・見《み》えない ・内的《ないてき》 ・内面《ないめん》
・隠《かく》されている ・中心《ちゅうしん》

●用語《ようご》のイメージ

心《こころ》 ↔ **体《からだ》／物《もの》**

内的《ないてき》・見《み》えない。　外的《がいてき》・見《み》える。

心《しん》理《り》
内面《ないめん》の状態《じょうたい》。

野《や》心《しん》
隠《かく》しながら抱《いだ》く、大《おお》きな望《のぞ》み。

核《かく》心《しん》
見《み》えてない中心《ちゅうしん》・本質《ほんしつ》。

求《きゅう》心《しん》力《りょく》
中心《ちゅうしん》になる人物《じんぶつ》が人《ひと》を引《ひ》きつける力《ちから》。

●その他《た》の用語《ようご》

心《しん》配《ぱい》・安《あん》心《しん》・細《さい》心《しん》・心《しん》身《しん》・真《ま》心《ごころ》・心《こころ》遣《づか》い

---

3 次《つぎ》の文章《ぶんしょう》のそれぞれの——部《ぶ》を言《い》いかえます。ふさわしい言葉《ことば》を考《かんが》えて書《か》きなさい。　9点《てん》×3

今年《ことし》から新《あら》たにキャプテンになったM選手《せんしゅ》は、チームの中心《ちゅうしん》として人《ひと》を引《ひ》きつける知性《ちせい》と明《あか》るさをもっている①。

後輩《こうはい》にもやさしく声《こえ》をかける一方《いっぽう》で、後輩《こうはい》が抱《かか》えている問題《もんだい》の中心的《ちゅうしんてき》な課題《かだい》②をズバリ指摘《してき》し、問題《もんだい》解決《かいけつ》の支《ささ》えになったりもしている。

そして、M選手《せんしゅ》自身《じしん》、まだ達成《たっせい》していない個人《こじん》タイトルであるホームラン王《おう》、さらには首位《しゅい》打者《だしゃ》と打《だ》点王《てんおう》も狙《ねら》うという大《おお》きな望《のぞ》みを、心《こころ》ひそかに抱《いだ》いている③はずである。

① チームにおいて＿＿＿＿がある

② ＿＿＿＿な課題《かだい》

③ ＿＿＿＿を抱《いだ》いている

解答《かいとう》 ❸は例《れい》

❶ ①（いじめっ子《こ》）気質《きしつ》（だったが）
②（本来《ほんらい》もっている）気品《きひん》（ある印象《いんしょう》）
③（経済活性化《けいざいかっせいか》の）気運《きうん》（が高《たか》まった）

❷ ①裏《うら》づけ（取材《しゅざい》） ②裏話《うらばなし》 ③裏表《うらおもて》
④裏側《うらがわ》 ⑤脳裏《のうり》 ⑥成功裏《せいこうり》

❸ ①（チームにおいて）求心力《きゅうしんりょく》（がある）
②核心的《かくしんてき》（な課題《かだい》）
③野心《やしん》（を抱《いだ》いている）

解説《かいせつ》

❶ ①目《め》に見《み》える「ふるまい」から、目《め》に見《み》えない「気《き》質《しつ》」を推測《すいそく》した、という意味合《いみあ》いになっています。いじめっ子《こ》のふるまいには、いじめっ子気質《こきしつ》が感《かん》じられるということです。
②「高貴《こうき》な」という言葉《ことば》に、気品《きひん》の意味合《いみあ》いが感《かん》じられます。
③「動《うご》き出《だ》したように見《み》える」というところに、「見《み》えない」けれどもそんなイメージが感《かん》じられる、といった意味合《いみあ》いがあります。

❷ ①批判《ひはん》するなら根拠《こんきょ》づけが必要《ひつよう》だ、ということです。
②ドラフト会議《かいぎ》とは新《あたら》しく入団《にゅうだん》する選手《せんしゅ》を決《き》める場《ば》ですが、世間一般《せけんいっぱん》には知《し》られていない話《はなし》がたくさんありそうだ、という前提《ぜんてい》です。
③ここで言《い》うキャラクターとは、人間性《にんげんせい》のことです。
④これを「裏話《うらばなし》」とするのは、ニュアンスが合《あ》いません。航空機事故《こうくうきじこ》のような重《おも》いイメージの場合《ばあい》、あまり用《もち》いない表現《ひょうげん》です。
⑤「脳裏《のうり》をよぎる」で決《き》まり文句《もんく》です。
⑥「成功裏《せいこうり》に終《お》わる」とは、「成功《せいこう》のうちに終《お》わる」という意味《いみ》であり、「裏《り》」がもつ「内側《うちがわ》」の意味《いみ》がこめられています。

❸「用語《ようご》のイメージ」を確認《かくにん》しましょう。③は「野《や》望《ぼう》」でも可《か》ですが、「野心《やしん》」を覚《おぼ》えたいところです。

形《かたち》がある・ない(5)

月　日
点《てん》
／100点《てん》

思

2年《ねん》

「思」のイメージ
・内面《ないめん》　・心《こころ》　・イメージ
・見《み》えない　・形《かたち》がない

●用語《ようご》のイメージ

思考《しこう》
心《こころ》にイメージをもつ。頭《あたま》で考《かんが》える。

意思《いし》
形《かたち》ある行動《こうどう》に結《むす》びつく前《まえ》の段階《だんかい》の、形《かたち》なき心《こころ》。

思案《しあん》
あれこれと、心《こころ》・頭《あたま》をめぐらせる。

思想《しそう》
社会《しゃかい》に対《たい》するまとまったイメージ。

●その他《た》の用語《ようご》
思慮《しりょ》　**不思議《ふしぎ》**　**思索《しさく》**

---

1 次《つぎ》の各文中《かくぶんちゅう》の（　）を埋《う》めるのにふさわしい言葉《ことば》をあとの□から選《えら》び、書《か》き入《い》れなさい。同《おな》じ言葉《ことば》を二度使《にどつか》うことはできません。

6点《てん》×4

① 家族《かぞく》の入院《にゅういん》、自分《じぶん》のけが、飼《か》っている猫《ねこ》の病気《びょうき》など、（　　　）することが多《おお》すぎて、心《こころ》と頭《あたま》が疲《つか》れ気味《ぎみ》だ。

② 学校《がっこう》では、対話《たいわ》・会話《かいわ》ばかりの国語《こくご》の授業《じゅぎょう》が目《め》立《だ》つが、一人《ひとり》で黙《だま》って（　　　）するほうが先決《せんけつ》なのではないか。

③ （　　　）などと大《おお》げさに呼《よ》べるものではないにせよ、中高生《ちゅうこうせい》にもなれば、社会問題《しゃかいもんだい》に対《たい》する自分《じぶん》なりの意見《いけん》やイメージをもち始《はじ》めるはずである。

④ マスクの着用《ちゃくよう》は個人《こじん》の（　　　）に任《まか》せます、という方向性《ほうこうせい》は、日本人《にほんじん》の精神性《せいしんせい》にぴったり合《あ》っていたのだろう。

意思《いし》　思考《しこう》　思案《しあん》　思想《しそう》

★主《おも》な読《よ》み【思】おも-う/シ　★その他《た》の用語《ようご》「思慮《しりょ》」の「慮《りょ》」は「おもんぱか-る」と読《よ》み、注意深《ちゅういぶか》く考《かんが》えること。「思索《しさく》」とは、すじみちをたどって考《かんが》えること。

感

3年《ねん》

「感」のイメージ

・イメージ　・内面《ないめん》　・心《こころ》
・見《み》えない　・形《かたち》がない

●用語《ようご》のイメージ

感情《かんじょう》・感性《かんせい》　↔　理性《りせい》
心《こころ》の中《なか》。　頭《あたま》の中《なか》。

共感《きょうかん》
相手《あいて》と同《おな》じ心《こころ》の状態《じょうたい》になる。内的《ないてき》な一致《いっち》。

予感《よかん》
前《まえ》もって内《うち》に抱《いだ》くイメージ。

直感《ちょっかん》
ひらめくイメージ。

感想《かんそう》
心《こころ》に抱《いだ》くイメージ。

●その他《た》の用語《ようご》

感覚《かんかく》　感心《かんしん》　感動《かんどう》　五感《ごかん》　実感《じっかん》
好感《こうかん》　反感《はんかん》　責任感《せきにんかん》　違和感《いわかん》　体感《たいかん》

---

2 次《つぎ》のそれぞれの文《ぶん》は、「心《こころ》」と「頭《あたま》」のどちらに近《ちか》い意味《いみ》をもちますか。（　）に書《か》きなさい。

4点《てん》×7

① あの花火《はなび》、すごくきれい！（　）
② バスと電車《でんしゃ》、どちらで行《い》こうか。（　）
③ うまくいかない理由《りゆう》を整理《せいり》しよう。（　）
④ うわあ、それ、痛《いた》そう。（　）
⑤ 今日《きょう》はいいことありそうだなあ。（　）
⑥ その言《い》い方《かた》は気《き》に入《い》らないな。（　）
⑦ 先生《せんせい》の言葉《ことば》の意味《いみ》を考《かんが》えていた。（　）

3 次《つぎ》のそれぞれの言葉《ことば》と合《あ》う文《ぶん》を**2**から選《えら》び、番号《ばんごう》を（　）に書《か》きなさい。同《おな》じ番号《ばんごう》を二度使《にどつか》うことはできません。

6点《てん》×4

① 予感《よかん》（　）　② 感動《かんどう》（　）
③ 反感《はんかん》（　）　④ 共感《きょうかん》（　）

想

3年《ねん》

「想」のイメージ
・イメージ　・内面《ないめん》　・心《こころ》
・見《み》えない　・形《かたち》がない

● 用語《ようご》のイメージ

空想《くうそう》　非現実的《ひげんじつてき》なイメージ。

理想《りそう》　こうであってほしいというイメージ。

連想《れんそう》　イメージがつながっていく。

仮想《かそう》　もし○○なら、というイメージ。

着想《ちゃくそう》　目的《もくてき》につながるアイデアのイメージ。

● その他《た》の用語《ようご》

想像《そうぞう》　思想《しそう》　感想《かんそう》　予想《よそう》　構想《こうそう》　発想《はっそう》

4 次《つぎ》の①～③の――部《ぶ》に当《あ》てはまる意味《いみ》をもつ言葉《ことば》をあとの□から選《えら》び、書《か》き入《い》れなさい。同《おな》じ言葉《ことば》を二度使《にどつか》うことはできません。　8点《てん》×3

① そんなのは絵《え》に描《か》いた餅《もち》だよ、と批判《ひはん》するけれど、こうありたいというイメージをもつことは、大切《たいせつ》なことでしょ。
（　　　像《ぞう》を描《えが》く）

② バーチャルリアリティというのは、現実《げんじつ》ではないが限《かぎ》りなく現実《げんじつ》に近《ちか》いイメージをもつ世界《せかい》だ。
（　　　現実《げんじつ》）

③ 机《つくえ》に向《む》かって考《かんが》えているときよりも、気軽《きがる》に散歩《さんぽ》しているときなどのほうが、アイデアがひらめくことが多《おお》い。
（　　　を得《え》る）

構想《こうそう》　着想《ちゃくそう》　理想《りそう》　仮想《かそう》

解答《かいとう》

❶ ①思案《しあん》 ②思考《しこう》 ③思想《しそう》 ④意思《いし》

❷ ①心《こころ》 ②頭《あたま》 ③頭《あたま》 ④心《こころ》
⑤心《こころ》 ⑥心《こころ》 ⑦頭《あたま》

❸ ①⑤ ②① ③⑥ ④④

❹ ①理想《りそう》（像《ぞう》を描《えが》く）
②仮想《かそう》（現実《げんじつ》）
③着想《ちゃくそう》（を得《え》る）

解説《かいせつ》

❶ ①「あれこれと、心《こころ》・頭《あたま》をめぐらせる」のが「思案《しあん》」です。「家族《かぞく》の入院《にゅういん》、自分《じぶん》のけが、飼《か》っている猫《ねこ》の病気《びょうき》」という例《れい》が、まさに「あれこれ」です。
②沈思黙考《ちんしもっこう》という言葉《ことば》があります。思考《しこう》というのは、本来《ほんらい》、黙《だま》って行《おこな》うものです。
③思想《しそう》というのは、社会問題《しゃかいもんだい》など、ややスケールの大《おお》きなことがらへのイメージを意味《いみ》することの多《おお》い言葉《ことば》です。
④マスクに対《たい》する個人《こじん》の思《おも》い・考《かんが》えという意味合《いみあ》いで、「意思《いし》」が用《もち》いられています。

❷時間《じかん》をかけて選択《せんたく》しているイメージが「頭《あたま》」（理《り》性《せい》）に近《ちか》く、選択《せんたく》の余地《よち》なく瞬時《しゅんじ》にそう思《おも》うのが「心《こころ》」（感性《かんせい》）だと言《い》えます。その意味《いみ》で、②・③・⑦は、時間《じかん》をかけて頭《あたま》を使《つか》っているイメージがあり、一方《いっぽう》の①・④・⑤・⑥は、特《とく》に時間《じかん》はかけずに心《こころ》が働《はたら》いているイメージがあります。

❸前問《ぜんもん》で「心《こころ》」が答《こた》えになっている文《ぶん》について、熟《じゅく》語《ご》で言《い》いかえる練習《れんしゅう》になっています。

❹ ①「絵《え》に描《か》いた餅《もち》」というのは、「空想《くうそう》の餅《もち》なんて食《た》べることもできないのだから価値《かち》がない」といった意味合《いみあ》いの言葉《ことば》です。それを受《う》けて、「空想《くうそう》といえども、それは価値《かち》ある理想《りそう》である」と反論《はんろん》するような文《ぶん》になっています。
②バーチャルリアリティは、仮想現実《かそうげんじつ》と訳《やく》すのが普《ふ》通《つう》です。覚《おぼ》えておきましょう。
③「着想《ちゃくそう》を得《え》る」という表現《ひょうげん》を、ひとかたまりで覚《おぼ》えておきましょう。

月　日
点《てん》
／100点《てん》

1 次《つぎ》の文章《ぶんしょう》を読《よ》み、あとの問《と》いに答《こた》えなさい。 15点《てん》×4

分厚《ぶあつ》い本《ほん》と薄《うす》い本《ほん》。どちらの値段《ねだん》が高《たか》いだろうか。本《ほん》のサイズ、カラー印刷《いんさつ》の有無《うむ》、紙質《かみしつ》などの違《ちが》いがなければ、分厚《ぶあつ》い本《ほん》のほうが高《たか》くなるはずだ。

しかし、本《ほん》の価値《かち》というのはページ数《すう》にあるのだろうか。まだ人気《にんき》の出《で》ていない作家《さっか》が書《か》いた四〇〇《よんひゃく》ページの小説《しょうせつ》と、高《たか》い人気《にんき》を誇《ほこ》る作家《さっか》が書《か》いた一〇〇《ひゃく》ページの小説《しょうせつ》、どちらが面白《おもしろ》いか。普通《ふつう》は後者《こうしゃ》だ。

とはいえ、面白《おもしろ》いかどうかといった質的《しつてき》な価値《かち》は、個々《ここ》の読者《どくしゃ》がどう思《おも》うかによって判断《はんだん》が分《わ》かれてしまう。人気《にんき》の高低《こうてい》が今《いま》の例《れい》のようにはっきりしていれば別《べつ》だが、たいていはそこまで明確《めいかく》ではない。出版社《しゅっぱんしゃ》が価格《かかく》を設定《せってい》する際《さい》、これは面白《おもしろ》い本《ほん》だから薄《うす》くても高《たか》くてよいのだと思《おも》っても、それが買《か》い手《て》に伝《つた》わらないと買《か》ってはもらえない。本当《ほんとう》は目《め》に見《み》えない価値《かち》に値段《ねだん》をつけたいのだが、外《そと》から見《み》ただけではその価値《かち》を判断《はんだん》するのが難《むずか》しい以上《いじょう》、目《め》に見《み》える価値《かち》に値段《ねだん》をつけるしかない。それは、本《ほん》の場合《ばあい》はページ数《すう》ということになるわけだ。

読者《どくしゃ》は、ページ数《すう》や価格《かかく》にとらわれず、内容《ないよう》の価値《かち》を判断《はんだん》する目《め》をもっておきたいものだ。

① 筆者《ひっしゃ》の主張《しゅちょう》をまとめた次《つぎ》の文章《ぶんしょう》の（　）を、これまで学習《がくしゅう》した漢字一字《かんじいちじ》でそれぞれ埋《う》めなさい。

本《ほん》の質《しつ》、つまり内容的《ないようてき》な価値《かち》に対《たい》する判断《はんだん》は人《ひと》の（　覚《かく》）によって変《か》わるため、ページ数《すう》によって（　式的《しきてき》）、（　理的《りてき》）に値段《ねだん》をつけるしかない。読者《どくしゃ》は、そういう（　面的《めんてき》）な数値《すうち》にとらわれず、内容《ないよう》の価値《かち》を判断《はんだん》する目《め》をもっておきたいものだ。

2 次《つぎ》の文章《ぶんしょう》を読《よ》み、あとの問《と》いに答《こた》えなさい。

①10点《てん》・②30点《てん》

お母《かあ》さんお父《とう》さんが子《こ》どもに対《たい》し、こんなふうに話《はな》しかけているのを見《み》たことがあるだろう。

「ありがとうは？ 誰《だれ》かに物《もの》をもらったら、ちゃんとお礼《れい》を言《い》いなさいね」

こんなふうにわが子《こ》を育《そだ》てる親《おや》が多《おお》いので、「ありがとう」と言《い》える子《こ》は多《おお》い。素晴《すば》らしいことだ。

ただ一方《いっぽう》で、次《つぎ》のような場面《ばめん》はどうだろう。

クラスで班《はん》ごとに活動《かつどう》しているとき、自分《じぶん》だけ集《しゅう》合時刻《ごうじこく》に遅《おく》れてしまった。班《はん》のメンバーに、「ごめんごめん」と謝《あやま》ることはある。でも、もうひとこと、ほしい言葉《ことば》がないだろうか。

それは、「お待《ま》たせしました」というひとことだ。これは、おわびの言葉《ことば》というよりも、感謝《かんしゃ》の言葉《ことば》である。それは、相手《あいて》の時間《じかん》に対《たい》する感謝《かんしゃ》だ。

班《はん》のメンバーは、自分《じぶん》のために待《ま》っていてくれた。彼《かれ》らの時間《じかん》を、自分《じぶん》のために費《つい》やしてくれた。そのことに対《たい》する、「ありがとう」という気持《きも》ちが、この「お待《ま》たせしました」には込《こ》められている。そういう気持《きも》ちをもつためには、相手《あいて》が自分《じぶん》を待《ま》っているときの様子《ようす》をイメージするような姿勢《しせい》が、大切《たいせつ》になるだろう。

先《さき》に述《の》べたように、「物《もの》をもらったらお礼《れい》をしなさい」と教《おし》えることは多《おお》い。しかし、「時間《じかん》をもらったらお礼《れい》をしなさい」と教《おし》えることは、少《すく》ない。物《もの》というのは、目《め》に見《み》える、形《かたち》ある存在《そんざい》だ。そういうものへの感謝《かんしゃ》をもつのはもちろん大切《たいせつ》だが、それだけでなく、見《み》えないものへの感謝《かんしゃ》の念《ねん》も、もてるようにしたい。

遅刻《ちこく》したら、「待《ま》っていてくれてありがとう」と言《い》ってもよいが、ちょっと大《おお》げさに聞《き》こえる。そこで、「お待《ま》たせ（しました）」というさりげないひとことを使《つか》おう。

コンビニの店員《てんいん》は忙《いそが》しい。しかし、列《れつ》に並《なら》んだお客《きゃく》さんをレジで迎《むか》えるたびに、一人《ひとり》ひとりに対《たい》して

「お待《ま》たせしました」と言《い》える店員《てんいん》さんがいる。そういう人《ひと》を見《み》かけたとき、私《わたし》はこう思《おも》う。ああ、この人《ひと》は相手《あいて》の時間《じかん》に対《たい》する感謝《かんしゃ》を伝《つた》えられる人《ひと》なんだなあ。やっぱりこれが、感謝《かんしゃ》の理想形《りそうけい》だよなあ。

そんな人《ひと》に会《あ》うと、ちょっとすがすがしい気持《きも》ちになる。そして、そんな店員《てんいん》さんに対《たい》しても、「ありがとう」という気持《きも》ちがわいてくるわけだ。

① 相手《あいて》の「時間《じかん》」に対《たい》する感謝《かんしゃ》をもつために、どのようなことが必要《ひつよう》だと述《の》べていますか。次《つぎ》のア～エから最《もっと》もふさわしいものを一《ひと》つ選《えら》び、記号《きごう》にマルをつけなさい。

ア 物《もの》をもらったら、迷《まよ》わず「ありがとう」と言《い》えるようになること。

イ 相手《あいて》を待《ま》たせたことに対するおわびの心情《しんじょう》を、はっきりと形《かたち》にして示《しめ》すこと。

ウ 自分《じぶん》を待《ま》っている間《あいだ》の相手《あいて》の様子《ようす》を心《こころ》に思《おも》い浮《う》かべるだけの想像力《そうぞうりょく》をもつこと。

エ おわびの気持《きも》ちよりも、感謝《かんしゃ》の気持《きも》ちを大切《たいせつ》にするということ。

② 筆者《ひっしゃ》の主張《しゅちょう》を五〇字以内《ごじゅうじいない》でまとめなさい。ただし、「形《かたち》」という漢字《かんじ》を二回使《にかいつか》うこと。また、①の答《こた》えも生《い》かして書《か》くこと。

解答《かいとう》 ❶と❷②は例《れい》

❶ ①感《かん》（覚《かく》）・形《けい》（式的《しきてき》）
物《ぶつ》（理的《りてき》）・表《ひょう》（面的《めんてき》）

❷ ①ウ
②形《かたち》ある物《もの》に対《たい》する感謝《かんしゃ》をもつとともに、想像《そうぞう》力《りょく》を働《はたら》かせ、形《かたち》なき時間《じかん》に対《たい》する感謝《かんしゃ》も、もてるようにしよう。（49字《じ》）

解説《かいせつ》

❶ ①まず、空欄《くうらん》を埋《う》めた「まとめの文《ぶん》」を見《み》てみましょう。

【本《ほん》の質《しつ》、つまり内容的《ないようてき》な価値《かち》に対《たい》する判断《はんだん》は人《ひと》の感覚《かんかく》によって変《か》わるA ため、ページ数《すう》によって形式《けいしき》的《てき》、物理的《ぶつりてき》に値段《ねだん》をつけるしかないB。読者《どくしゃ》は、そういう表面的《ひょうめんてき》な数値《すうち》にとらわれずC、内容《ないよう》の価値《かち》を判断《はんだん》する目《め》をもっておきたいものだ】

Aは、本文《ほんぶん》なかほどの、「質的《しつてき》な価値《かち》は、個々《ここ》の読者《どくしゃ》がどう思《おも》うかによって判断《はんだん》が分《わ》かれてしまう」を言《い》いかえています。特《とく》に「どう思《おも》うか」を「感覚《かんかく》」と言《い》いかえるところがポイント。「心」のイメージで連想《れんそう》し、「思《し》」から「感《かん》」を引《ひ》き出《だ》します（81・82ページ参照《さんしょう》）。

Bは、本文終盤《ほんぶんしゅうばん》の、「目《め》に見《み》える価値《かち》に値段《ねだん》をつけるしかない」を言《い》いかえています。Aにある「内《ない》容《よう》」の反対語《はんたいご》であり「目《め》に見《み》える外側《そとがわ》」のイメージをもつ「形式《けいしき》」を引《ひ》き出《だ》します（73ページ参照《さんしょう》）。

なお、本文《ほんぶん》ではその前《まえ》の部分《ぶぶん》で、次《つぎ》のように述《の》べられています。

「本当《ほんとう》は目《め》に見《み》えない価値《かち》に値段《ねだん》をつけたいのだが、外《そと》から見《み》ただけではその価値《かち》を判断《はんだん》するのが難《むずか》しい以上《いじょう》……」

本当《ほんとう》は見《み》えない内側《うちがわ》に値段《ねだん》をつけたいが、見《み》えないのだから、見《み》える外側《そとがわ》に値段《ねだん》をつけるしかない。という文脈《ぶんみゃく》（文《ぶん》の流《なが》れ）ですね。だからこそ、「外《そと》側《がわ》」のイメージをもつ「形式的《けいしきてき》」、そして「物理的《ぶつりてき》」となるわけです。

「物理的《ぶつりてき》」はすぐに答《こた》えられなかったかもしれませ

んが、68ページの問題《もんだい》と解説《かいせつ》をおさらいし、「物理《ぶつり》的《てき》」という表現《ひょうげん》の用法《ようほう》に慣《な》れておきましょう。

Cは、本文最後《ほんぶんさいご》の「ページ数《すう》や価格《かかく》にとらわれず」を言《い》いかえています。75ページをおさらいし、「表《ひょう》面的《めんてき》」のイメージを確認《かくにん》してください。

今回《こんかい》は穴埋《あなう》め形式《けいしき》で本文《ほんぶん》を要約《ようやく》しましたが、本来《ほんらい》は、こうした要約文全体《ようやくぶんぜんたい》を自分自身《じぶんじしん》で書《か》けるようになるのが理想《りそう》です。そのためにも、漢字一字《かんじいちじ》（や熟《じゅく》語《ご》）を意識《いしき》した言《い》いかえの練習《れんしゅう》が不可欠《ふかけつ》になるわけです。

❷

①本文《ほんぶん》なかほどに、「そういう気持《きも》ちをもつためには、相手《あいて》が自分《じぶん》を待《ま》っているときの様子《ようす》をイメージするような姿勢《しせい》が、大切《たいせつ》になるだろう」とあります。

答《こた》えとなるウは、「自分《じぶん》を待《ま》っている間《あいだ》の相手《あいて》の様子《ようす》を心《こころ》に思《おも》い浮《う》かべるだけの想像力《そうぞうりょく》をもつこと」。

この——部《ぶ》が、「様子《ようす》をイメージする」の言《い》いかえになっているわけですね。

「イメージ」という言葉《ことば》から、「想像《そうぞう》」を引《ひ》き出《だ》します。「想《そう》」（83ページ）も「像《ぞう》」（71ページ）も、「イメージ」がポイントでしたね。

なお、「相手《あいて》の「時間《じかん》」に対《たい》する感謝《かんしゃ》をもつために」という部分《ぶぶん》もあわせて考《かんが》えれば、ア・イ・エが全《まった》く違《ちが》うことは分《わ》かると思《おも》います。

②本文《ほんぶん》なかほどの、次《つぎ》の部分《ぶぶん》に注目《ちゅうもく》します。

「物《もの》というのは、目《め》に見《み》える、形《かたち》ある存在《そんざい》だ。そういうものへの感謝《かんしゃ》をもつのはもちろん大切《たいせつ》だが、それだけでなく、見《み》えないものへの感謝《かんしゃ》の念《ねん》も、もてるようにしたい」

形《かたち》ある存在《そんざい》への感謝《かんしゃ》。それだけでなく（それとともに）、見《み》えないものへの感謝《かんしゃ》も、もてるようにしよう。と言《い》っています。この「見《み》えない」は、「形《かたち》なき」と言《い》いかえられます。これで、「形《かたち》」を二度《にど》使《つか》うという条件《じょうけん》はクリアです。あとは、①のウに出《で》てきた「想像力《そうぞうりょく》」を加《くわ》えればよいでしょう。

2

「時《じ》間《かん》・空《くう》間《かん》」の漢《かん》字《じ》一《いち》覧《らん》

★私《わたし》たちは、ほとんど常《つね》に、「時間《じかん》」と「空間《くうかん》」という見《み》方《かた》をとおしてものを考《かんが》えています。どんなものごとにも、時間的《じかんてき》な要素《ようそ》、空間的《くうかんてき》な要素《ようそ》がつきまとっています。ここでは、そうしたイメージをもつ漢字《かんじ》を学《まな》んでいきます。

時《じ》間《かん》のイメージ

92〜96ページ

先　過　未

時《じ》間《かん》・空《くう》間《かん》の

後　前

上
下
晩

97～102ページ

イメージ
（晩は時間《じかん》のみ）

内
外

長
短
面

103～108ページ

時間《じかん》・空間《くうかん》のイメージ
（内・外・面は空間《くうかん》のみ）

時《じ》間《かん》・空《くう》間《かん》(1)

未

4年《ねん》

「未」のイメージ
・まだ〜ない
・いずれはそうなる(はず)

月　日
点《てん》
／100点《てん》

●用語《ようご》のイメージ

未来《みらい》
まだ来《こ》ない。
いずれ来《く》る（はず）。
↑↓
過去《かこ》
もうすぎた。
もう来《こ》ない。

未熟《みじゅく》
まだ成熟《せいじゅく》していない。
いずれ成熟《せいじゅく》する（はず）。

未知《みち》
まだ知《し》らない。
いずれ知《し》る（はず）。
↑↓
既知《きち》
もう知《し》っている。

●その他《た》の用語《ようご》

未定《みてい》　未明《みめい》　未然《みぜん》　未遂《みすい》　未開《みかい》　未婚《みこん》
未解決《みかいけつ》　未確認《みかくにん》　未経験《みけいけん》　未完成《みかんせい》　未成年《みせいねん》

1 次《つぎ》の文章《ぶんしょう》の中《なか》で「未《み》」のつく言葉《ことば》に言《い》いかえられる部分《ぶぶん》（四《よん》か所《しょ》）に線《せん》を引《ひ》きなさい。そして、それを言《い》いかえた言葉《ことば》を、出《で》てきた順《じゅん》にあとの（　）に書《か》きなさい。

10点《てん》（線《せん》5点《てん》、言《い》いかえ5点《てん》）×4

日本《にほん》は地震大国《じしんたいこく》だ。後々《のちのち》「大震災《だいしんさい》」と呼《よ》ばれるレベルの地震《じしん》を、あなたはまだ経験《けいけん》していないかもしれない。しかし、まだ来《き》ていないがいずれは来《く》るその時《とき》に、備《そな》えておく必要《ひつよう》がある。

いつどこで大地震《おおじしん》が起《お》きるかについては、大《おお》まかな可能性《かのうせい》の予測《よそく》はできても、正確《せいかく》には明《あき》らかではない。とはいえ、今《いま》はまだ誰《だれ》も知《し》らないけれどもいずれは知《し》ることになるであろう新《あら》たな技術《ぎじゅつ》によって、地震《じしん》を予知《よち》できるようになる可能性《かのうせい》もある。

ひとたび大地震《おおじしん》が起《お》きれば、津波《つなみ》、火災《かさい》、原発事故《げんぱつじこ》などの二次災害《にじさいがい》が起《お》こることもある。まだそういう事態《じたい》に至《いた》っていないうちに被害《ひがい》を減《へ》らすための手立《てだ》てを探《さぐ》ることが、私《わたし》たちには求《もと》められている。

★主《おも》な読《よ》み【未】いま-だ/ミ

2 次《つぎ》の①・②について、それぞれの言葉《ことば》はどう違《ちが》うか、説明《せつめい》しなさい。 9点《てん》×2

① 未知《みち》と無知《むち》

② 未定《みてい》と不定《ふてい》

過

5年《ねん》

「過」のイメージ
・すぎる ・先《さき》まで進《すす》む
・超《こ》える

●用語《ようご》のイメージ

過去《かこ》
すぎさった。

過程《かてい》
すぎゆく途中《とちゅう》。進《すす》む途中《とちゅう》。プロセス。

経過《けいか》
時間《じかん》がすぎる。

一過性《いっかせい》
すぐにすぎてゆく。一時的《いちじてき》。

●その他《た》の用語《ようご》
過小《かしょう》　過大《かだい》　過分《かぶん》　過多《かた》　過剰《かじょう》
超過《ちょうか》　通過《つうか》　透過《とうか》

★主《おも》な読《よ》み【過】す-ぎる/あやま-ち/カ　★その他《た》の用語《ようご》「透過《とうか》」は、光《ひかり》が透《す》けてとおりすぎること。

3

次《つぎ》の①〜③の——部《ぶ》に当《あ》てはまる意味《いみ》をもつ言《こと》葉《ば》をあとの□から選《えら》び、書《か》き入《い》れなさい。同《おな》じ言葉《ことば》を二度使《にどつか》うことはできません。

4点《てん》×3

① 種《たね》をまいて一週間《いっしゅうかん》もすれば芽《め》が出《で》るよ、と言《い》われていたが、十日《とおか》がすぎてもまだ芽《め》が出《で》る気配《けはい》がないので、心配《しんぱい》している。

（十日《とおか》が　　　　してても）

② 料理《りょうり》というのは、できあがったものを食《た》べる時《じ》間《かん》も楽《たの》しいが、作《つく》っている途中《とちゅう》の時間《じかん》もまた、同《おな》じくらい楽《たの》しいものだ。

（作《つく》る　　　　）

③ 流行《りゅうこう》というのは、あっという間《ま》にすぎ去《さ》っていくものであり、気《き》がつけば古《ふる》くなっているものである。

（　　　　のもの）

過去《かこ》	一過性《いっかせい》	過程《かてい》	経過《けいか》	通過《つうか》

先

1年《ねん》

「先」のイメージ
・より早《はや》い
・前《まえ》

●用語《ようご》のイメージ

先行《せんこう》する　より早《はや》く進《すす》む。

先手《せんて》　より早《はや》く始《はじ》める。　↔　後手《ごて》　より遅《おそ》く始《はじ》める。

先例《せんれい》　以前《いぜん》の例《れい》。

先天的《せんてんてき》　生《う》まれる前《まえ》からの。　↔　後天的《こうてんてき》　生《う》まれた後《あと》からの。

●その他《た》の用語《ようご》

先日《せんじつ》　先週《せんしゅう》　先生《せんせい》　先人《せんじん》　先着《せんちゃく》　先制《せんせい》

先代《せんだい》　先見《せんけん》　優先《ゆうせん》　率先《そっせん》　先駆《さきが》け

★主《おも》な読《よ》み【先】さき/セン

4

次《つぎ》の各文中《かくぶんちゅう》の（　）を埋《う》めるのにふさわしい言葉《ことば》をあとの□から選《えら》び、書《か》き入《い》れなさい。同《おな》じ言葉《ことば》を二度使《にどつか》うことはできません。

3点《てん》×10

① ライバル会社《がいしゃ》よりも早《はや》く新《あたら》しいタイプの商品《しょうひん》を発売《はつばい》することができた。（　　）をとった形《かたち》だ。

② （　　）がないからできない、などと言《い》っていては、新《あたら》しいアイデアを形《かたち》にすることはできませんよ。

③ ファンクラブの会員《かいいん》だけが二週間前《にしゅうかんまえ》に入手《にゅうしゅ》できる（　　発売《はつばい》）のチケットを、発売《はつばい》開始時刻《かいしじこく》ちょうどに予約《よやく》した。

④ やはり野球《やきゅう》では（　　点《てん》）を上《あ》げたチームが勝《か》つ可能性《かのうせい》が高《たか》いのです。と、解説者《かいせつしゃ》は言《い》った。

⑤ （　　的《てき》）な能力《のうりょく》というものは自《じ》分《ぶん》で変《か》えることはできない。自分《じぶん》で変《か》えられる能《のう》力《りょく》を見極《みきわ》めて、努力《どりょく》を重《かさ》ねよう。

⑥ （　　席《せき》）でなくとも、お年寄《としよ》りや妊婦《にんぷ》さん、あるいは体《からだ》の不自由《ふじゆう》な方《かた》には席《せき》を譲《ゆず》るべきでしょう。

⑦ リーダーというのは、メンバーよりも早《はや》く考《かんが》え、（　　）して行動《こうどう》できる人《ひと》にこそ、向《む》いている。

⑧ ファッション業界《ぎょうかい》で働《はたら》くならば、大衆《たいしゅう》の心《こころ》を読《よ》んで、より早《はや》く動《うご》くような（　　の明《めい》）をもたなければなりません。

⑨ （　　）というのは、児童《じどう》・生徒《せいと》よりも早《はや》く生《う》まれ、より多《おお》く生《い》きているわけですから、ただそれだけでも尊敬《そんけい》すべきなのです。

⑩ 「アンタの神様《かみさま》」は、お笑《わら》いブームを牽引《けんいん》する（　　）のような存在《そんざい》だった。

先例《せんれい》	先生《せんせい》	先駆《さきが》け	先制《せんせい》	優先《ゆうせん》
先行《せんこう》	率先《そっせん》	先手《せんて》	先見《せんけん》	先天《せんてん》

解答《かいとう》

❶（線《せん》を引《ひ》く部分《ぶぶん》→言《い》いかえた言葉《ことば》）❶❷は例《れい》

・まだ経験《けいけん》していない　→未経験《みけいけん》
・まだ来《き》ていないがいずれは来《く》るその時《とき》　→未来《みらい》
・今《いま》はまだ誰《だれ》も知《し》らないけれども
いずれは知《し》ることになるであろう　→未知《みち》の
・まだそういう事態《じたい》に
至《いた》っていないうちに　→未然《みぜん》に

（――は解説参照《かいせつさんしょう》）

❷
①「未知《みち》」には「いずれは知《し》ることになるはずだ」というイメージが含《ふく》まれるが、「無知《むち》」にはそのイメージがない。
②「未定《みてい》」には「いずれは定《さだ》まるはずだ」というイメージが含《ふく》まれるが、「不定《ふてい》」にはそのイメージがない。

❸
①（十日《とおか》が）経過《けいか》（しても）
②（作《つく》る）過程《かてい》
③一過性《いっかせい》（のもの）

❹
①先手《せんて》　②先例《せんれい》　③先行《せんこう》（発売《はつばい》）
④先制《せんせい》（点《てん》）　⑤先天《せんてん》（的《てき》）　⑥優先《ゆうせん》（席《せき》）
⑦率先《そっせん》　⑧先見《せんけん》の（明《めい》）　⑨先生《せんせい》　⑩先駆《さきが》け

解説《かいせつ》

❶解答中《かいとうちゅう》の――部《ぶ》は、答《こた》えに入《い》れなくてもかまいません。その場合《ばあい》、そのまま本文《ほんぶん》に当《あ》てはめると不自《ふし》然《ぜん》になることがありますが、ここではそれは無視《むし》します。「未然《みぜん》」については、「未然《みぜん》に防《ふせ》ぐ」など定番《ていばん》の表現《ひょうげん》がありますから、覚《おぼ》えておきましょう。

❷たとえば、「サッカーについては無知《むち》なので」と言《い》ったとき、その人《ひと》が今後《こんご》サッカーについて知《し》るとは限《かぎ》りません。また、「住所不定《じゅうしょふてい》」と言《い》ったとき、その人《ひと》が今後住所《こんごじゅうしょ》をどこかに定《さだ》めるとも限《かぎ》りません。

❸「先手《せんて》をとる」「先見《せんけん》の明《めい》」など定番《ていばん》の表現《ひょうげん》を、覚《おぼ》えておきましょう。

時《じ》間《かん》・空《くう》間《かん》（2）

月　日
点《てん》
／100点《てん》

前

2年《ねん》

「前」のイメージ
・まえ　・先《さき》
・過去《かこ》

用語《ようご》のイメージ

前進《ぜんしん》　まえに進《すす》む。　↔　後退《こうたい》　うしろに退《しりぞ》く。

前提《ぜんてい》　まえに置《お》く条件《じょうけん》。

前言《ぜんげん》　まえに言《い》ったことば。

空《くう》前《ぜん》絶後《ぜつご》　過去《かこ》に例《れい》がなく、未来《みらい》にもないだろう。

その他《た》の用語《ようご》

前例《ぜんれい》　前置《まえお》き　眼前《がんぜん》　門前《もんぜん》　墓前《ぼぜん》　風前《ふうぜん》

1　次《つぎ》の各文中《かくぶんちゅう》の（　）を埋《う》めるのにふさわしい言葉《ことば》をあとの□から選《えら》び、書《か》き入《い》れなさい。同《おな》じ言葉《ことば》を二度使《にどつか》うことはできません。　5点《てん》×6

① あなたが以前《いぜん》ディズニーランドに行《い》ったことがあるという（　　）で話《はな》してたんだけど、行《い》ったことがなかったの？

② 政治家《せいじか》というのは、（　　撤回《てっかい》）しすぎだと思《おも》いませんか。

③ こうなった以上《いじょう》、過去《かこ》を振《ふ》り返《かえ》っていても始《はじ》まらない。（　　）あるのみだと思《おも》う。

④ ＡＩの台頭《たいとう》で（　　の灯火《ともしび》）になってしまう職業《しょくぎょう》が、これから増《ふ》えるだろう。

⑤（　　）に広《ひろ》がる夜景《やけい》に見入《みい》った。

⑥（　　）の小僧習《こぞうなら》わぬ経《きょう》を読《よ》むといった感《かん》じで、試合《しあい》を毎回見《まいかいみ》ているうちに百人一首《ひゃくにんいっしゅ》を覚《おぼ》えてしまった。

風前《ふうぜん》　眼前《がんぜん》　前言《ぜんげん》　前提《ぜんてい》　前進《ぜんしん》　門前《もんぜん》

後

2年《ねん》

「後」のイメージ
・うしろ　・あと
・おくれる

●用語《ようご》のイメージ

後悔《こうかい》
終《お》わったあとで悔《く》やむ。

牛後《ぎゅうご》
強《つよ》い者《もの》のうしろについている者《もの》。

予後《よご》
病気《びょうき》や手術《しゅじゅつ》のあとの見通《みとお》し。

後《うし》ろ盾《だて》
うしろで支《ささ》えている者《もの》。

気後《きおく》れする
気持《きも》ちが前向《まえむ》きにならずうしろに下《さ》がる。

●その他《た》の用語《ようご》

後《おく》れをとる　後退《こうたい》　背後《はいご》　読後《どくご》　空前絶後《くうぜんぜつご》

---

2 次《つぎ》の各文中《かくぶんちゅう》の（　）を埋《う》めるのにふさわしい言葉《ことば》をあとの□から選《えら》び、書《か》き入《い》れなさい。同《おな》じ言葉《ことば》を二度使《にどつか》うことはできません。

5点《てん》×4

① 祖父《そふ》が心臓《しんぞう》の手術《しゅじゅつ》をしたが、医師《いし》は笑顔《えがお》で私《わたし》にこう言《い》った。「おじいさんの（　　　）は明《あか》るいと思《おも》いますよ」

② カラオケで歌《うた》うのは気楽《きらく》だが、音楽《おんがく》の時間《じかん》にみんなの前《まえ》で歌《うた》うのは、かなり（　　　）する。

③ あの若手《わかて》アイドルは、お父《とう》さんが有名《ゆうめい》な俳優《はいゆう》なんだよ。まあ、強力《きょうりょく》な（　　　）だよね、芸能界《げいのうかい》で生《い》きる上《うえ》で。

④ 鶏口《けいこう》となるも（　　　）となるなかれ、って言《い》うでしょ。第三志望校《だいさんしぼうこう》だからこそ、ほめられることも増《ふ》えて、充実《じゅうじつ》するかもしれないよ。

牛後《ぎゅうご》　気後《きおく》れ　後《うし》ろ盾《だて》　予後《よご》

★主《おも》な読《よ》み【後】うし-ろ/あと/のち/おく-れる/ゴ/コウ　★その他《た》の用語《ようご》「空前絶後《くうぜんぜつご》」とは、前《まえ》にも後《あと》にもありえないと思《おも》われるほど珍《めずら》しいということ。

上

1年《ねん》

「上」のイメージ
・あがる　・高《たか》い
・かかわる　・範囲《はんい》　・見方《みかた》

●用語《ようご》のイメージ

炎上《えんじょう》
燃《も》えあがる（かのように批判《ひはん》などが広《ひろ》がる）。

上手《じょうず》（うわて） ↔ **下手《へた》（したて）**
能力《のうりょく》が高《たか》い。　能力《のうりょく》が低《ひく》い。

理論上《りろんじょう》は
理論《りろん》の範囲《はんい》では。理論的《りろんてき》な見方《みかた》では。

歴史上《れきしじょう》は
歴史《れきし》の範囲《はんい》では。歴史的《れきしてき》な見方《みかた》では。

極上《ごくじょう》
きわめて高《たか》いレベル。

●その他《た》の用語《ようご》

上陸《じょうりく》　上品《じょうひん》　上昇《じょうしょう》　史上《しじょう》　紙上《しじょう》　誌上《しじょう》
途上《とじょう》　向上《こうじょう》　浮上《ふじょう》　一身上《いっしんじょう》

---

3 次《つぎ》の各文《かくぶん》の——部《ぶ》の意味《いみ》を言《い》いかえたものとしてふさわしいものをそれぞれのア～ウから二《ふた》つずつ選《えら》び、記号《きごう》にマルをつけなさい。
（二《ふた》つともできて）5点《てん》×3

① この地域《ちいき》における大地震《おおじしん》の発生確率《はっせいかくりつ》は理論上《りろんじょう》は低《ひく》いはずだったが、現実《げんじつ》には発生《はっせい》してしまった。
ア　理論《りろん》の価値《かち》が高《たか》いならば
イ　理論的《りろんてき》に計算《けいさん》した範囲《はんい》では
ウ　科学的《かがくてき》に分析《ぶんせき》する見方《みかた》においては

② 不用意《ふようい》な発言《はつげん》によってネット*上《じょう》で炎上《えんじょう》し、その国会議員《こっかいぎいん》は職《しょく》を追《お》われた。（*インターネット）
ア　ネットにおいてレベルの高《たか》い意見《いけん》が広《ひろ》まり
イ　ネットにおいて批判《ひはん》が次々《つぎつぎ》と上《あ》がり
ウ　ネットにおける反応《はんのう》の攻撃性《こうげきせい》が高《たか》まり

③ 一身上《いっしんじょう》の都合《つごう》により、仕事《しごと》をやめました。
ア　その人《ひと》の生活範囲《せいかつはんい》における都合《つごう》
イ　個人《こじん》にかかわる都合《つごう》
ウ　気分《きぶん》が高《たか》まるような都合《つごう》

★主《おも》な読《よ》み【上】うえ/うわ/かみ/あ-げる/のぼ-る/ジョウ/ショウ　★その他《た》の用語《ようご》「紙上《しじょう》」の「紙《し》」は新聞《しんぶん》など、「誌上《しじょう》」の「誌《し》」は雑誌《ざっし》などを指《さ》すことが多《おお》い。

下

1年《ねん》

「下」のイメージ

・さがる　・低《ひく》い
・あと　・した　・もと

●用語《ようご》のイメージ

上下関係《じょうげかんけい》
年齢《ねんれい》や立場《たちば》のうえ・した。

下旬《げじゅん》 ↔ **上旬《じょうじゅん》**
ある月《つき》のあとのほう。　ある月《つき》の前《まえ》のほう。

下野《げや》する
立場《たちば》がさがる。
（公《こう》から民《みん》へ、与党《よとう》から野党《やとう》へ、など）

支配下《しはいか》
支配《しはい》する者《もの》のした。

●その他《た》の用語《ようご》

下降《かこう》　眼下《がんか》　低下《ていか》　現下《げんか》
下品《げひん》　下校《げこう》　下《くだ》り列車《れっしゃ》　灯台下暗《とうだいもとくら》し

---

4 次《つぎ》の各文《かくぶん》を言《い》いかえます。あとの文《ぶん》の（　）を埋《う》めるのにふさわしい言葉《ことば》を書《か》きなさい。「下」という字《じ》を含《ふく》む熟語《じゅくご》を、このページの上段《じょうだん》の用語《ようご》から選《えら》んで答《こた》えること。

5点《てん》×3

① スネ夫《お》は実質的《じっしつてき》にジャイアンの下《もと》で命令《めいれい》を受《う》けて動《うご》く家来《けらい》のようなものだ。
↓ スネ夫《お》は実質的《じっしつてき》にジャイアンの（　　　）にある。

② ベテランだから発言《はつげん》に従《したが》うとか、新人《しんじん》だから発《はつ》言《げん》を聞《き》き入《い》れないとかいうことではなく、発言《はつげん》した内容《ないよう》のよしあしこそを、評価《ひょうか》すべきである。
↓ 発言者《はつげんしゃ》との（　　　）ではなく、発言《はつげん》の内容《ないよう》で評価《ひょうか》すべきである。

③ 震災発生当時《しんさいはっせいとうじ》、自民党《じみんとう》は政権《せいけん》を担《にな》う中心的《ちゅうしんてき》な党《とう》ではなくなっていた。
↓ 震災発生当時《しんさいはっせいとうじ》、自民党《じみんとう》は（　　　）していた。

★主《おも》な読《よ》み【下】した/しも/もと/さ-げる/くだ-る/お-ろす/お-りる/カ/ゲ　★その他《た》の用語《ようご》「現《げん》下《か》」とは「今《いま》の時代《じだい》のもと」つまり「今《いま》」ということ。「目下《もっか》」なども同様《どうよう》。

晩

6年《ねん》

「晩」のイメージ
・夜《よる》 ・終《お》わり
・おそい、時間《じかん》がかかる

●用語《ようご》のイメージ

早晩《そうばん》
おそかれはやかれ。

大器晩成《たいきばんせい》
大人物《だいじんぶつ》は力《ちから》を発揮《はっき》するのに時間《じかん》がかかる。

晩婚《ばんこん》
おそい年齢《ねんれい》でする結婚《けっこん》。

晩秋《ばんしゅう》（晩春《ばんしゅん》・晩夏《ばんか》・晩冬《ばんとう》）
秋《あき》の終《お》わりごろ（春《はる》・夏《なつ》・冬《ふゆ》も同様《どうよう》）。

晩年《ばんねん》
人生《じんせい》の終《お》わりの時期《じき》。

●その他《た》の用語《ようご》

今晩《こんばん》　昨晩《さくばん》　明晩《みょうばん》　毎晩《まいばん》　晩飯《ばんめし》

5 次《つぎ》の各文中《かくぶんちゅう》の（　）を埋《う》めるのにふさわしい言葉《ことば》をあとの□から選《えら》び、書《か》き入《い》れなさい。同《おな》じ言葉《ことば》を二度使《にどつか》うことはできません。

4点《てん》×5

① あの有名《ゆうめい》な作家《さっか》も、今《いま》では薬《くすり》で簡単《かんたん》に治《なお》る病気《びょうき》に苦《くる》しみながら人生《じんせい》の（　）を過《す》ごし、そのまま亡《な》くなったらしい。

② （　）化《か》も少子化《しょうしか》の一因《いちいん》だと言《い》われている。

③ 今《いま》は勉強《べんきょう》の成果《せいか》が出《で》ないものだよ、特《とく》に、あなたは（　）のタイプだからね、と言《い》われて、ちょっと複雑《ふくざつ》な心境《しんきょう》だ。

④ 彼《かれ》はまだルーキーだが、（　）、チームの主力《しゅりょく》になるだろう。能力《のうりょく》が高《たか》いからね。

⑤ 紅葉《こうよう》を眺《なが》めながら、（　）の風情《ふぜい》を楽《たの》しみました。

早晩《そうばん》　晩婚《ばんこん》　晩秋《ばんしゅう》　大器晩成《たいきばんせい》　晩年《ばんねん》

解答《かいとう》

❶ ①前提《ぜんてい》 ②前言《ぜんげん》 ③前進《ぜんしん》 ④風前《ふうぜん》 ⑤眼前《がんぜん》 ⑥門前《もんぜん》

❷ ①予後《よご》 ②気後《きおく》れ ③後《うし》ろ盾《だて》 ④牛後《ぎゅうご》

❸ ①ア・ウ ②イ・ウ ③ア・イ

❹ ①支配下《しはいか》 ②上下関係《じょうげかんけい》 ③下野《げや》

❺ ①晩年《ばんねん》 ②晩婚《ばんこん》（化《か》） ③大器晩成《たいきばんせい》 ④早晩《そうばん》 ⑤晩秋《ばんしゅう》

解説《かいせつ》

❶ ②「前言撤回《ぜんげんてっかい》」をひとつの表現《ひょうげん》として覚《おぼ》えましょう。

③過去《かこ》を振《ふ》り返《かえ》るのではなく未来《みらい》に向《む》かおう、という文《ぶん》です。ここでの「前進《ぜんしん》」の「前《ぜん》」は、時間的《じかんてき》な「先《さき》」、つまり未来《みらい》を意味《いみ》します。

④「風前《ふうぜん》の灯火《ともしび》」とは、ろうそくなどの火《ひ》が風《かぜ》の吹《ふ》く場所《ばしょ》に置《お》かれており、今《いま》にも消《き》えそうな状態《じょうたい》をイメージした、よく使《つか》われる比喩表現《ひゆひょうげん》です。

⑥「門前《もんぜん》の小僧習《こぞうなら》わぬ経《きょう》を読《よ》む」というのは、日々《ひび》見聞《みき》きしていれば知《し》らず知《し》らずのうちに学《まな》び知《し》ることになる、という意味《いみ》の表現《ひょうげん》です。

❷ ④「鶏口《けいこう》となるも牛後《ぎゅうご》となるなかれ」というのは、強《つよ》く大《おお》きな組織《そしき》の中《なか》でうしろについているよりも、弱《よわ》く小《ちい》さな組織《そしき》の先頭《せんとう》に立《た》つほうがよい、という意味《いみ》の表現《ひょうげん》です。

❸ ①「理論上《りろんじょう》」の「上《じょう》」は、イのように「価値《かち》」を意味《いみ》するわけではありません。

③「一身上《いっしんじょう》の都合《つごう》」というまとまりで覚《おぼ》えましょう。「一身上《いっしんじょう》」とは、「個人的《こじんてき》な身《み》の上《うえ》」、つまり「個人《こじん》にかかわる」という意味《いみ》です。

❹ ②「上下関係《じょうげかんけい》」は形式的《けいしきてき》なことであり、「内容《ないよう》」とは対照的《たいしょうてき》です。次《じ》ページの「内容《ないよう》↑↓形式《けいしき》」とも関連《かんれん》があります。

❺ ②おそい年齢《ねんれい》で結婚《けっこん》すると子《こ》どもを産《う》み育《そだ》てにくいことがあるため、それが少子化《しょうしか》（子《こ》どもの数《かず》の減少《げんしょう》）につながっている、という意味《いみ》です。

時《じ》間《かん》・空《くう》間《かん》（3）

月　日
点《てん》
／100点《てん》

内

2年《ねん》

「内」のイメージ
・うち　・自分《じぶん》
・かくれる　・見《み》えていない

●用語《ようご》のイメージ

内面《ないめん》　見《み》えていない面《めん》。　↔　外面《がいめん》　見《み》えている面《めん》。

内容《ないよう》　見《み》えていない。　↔　形式《けいしき》　見《み》えている。

内向的《ないこうてき》　自分《じぶん》に向《む》く。　↔　外向的《がいこうてき》　他人《たにん》に向《む》く。

内的《ないてき》　うちの。　↔　外的《がいてき》　そとの。

内情《ないじょう》　かくれた事情《じじょう》。

●その他《た》の用語《ようご》

内心《ないしん》　内側《うちがわ》　内野《ないや》　内通《ないつう》　国内《こくない》　境内《けいだい》

1 次《つぎ》の各文中《かくぶんちゅう》の（　）を埋《う》めるのにふさわしい言葉《ことば》をあとの□から選《えら》び、書《か》き入《い》れなさい。同《おな》じ言葉《ことば》を二度使《にどつか》うことはできません。

4点《てん》×5

① 彼女《かのじょ》は、他人《たにん》から自分《じぶん》がどう見《み》られているか気《き》にしてばかりいるような（　　）的《てき》な性格《せいかく》で、それがいつも表情《ひょうじょう》をくもらせていた。

② 表情《ひょうじょう》では笑《わら》っていても、（　　）が同様《どうよう》に明《あか》るいのかどうか、分《わ》からない。

③ 本《ほん》を何冊《なんさつ》読《よ》んだか、何《なん》ページ読《よ》んだか、といった形式的《けいしきてき》なことではなく、どんな本《ほん》を読《よ》んだか、何《なに》を学《まな》んだのか、といった（　　）的《てき》なことを気《き》にしたほうがいいよ。

④ 有名《ゆうめい》な会社《かいしゃ》であっても実《じつ》は大赤字《おおあかじ》を抱《かか》えていたりする。（　　）は分《わ》からないものだ。

⑤ 王女《おうじょ》が敵国《てきこく》の王子《おうじ》と（　　）していたなんて、信《しん》じられない。

内容《ないよう》　内通《ないつう》　内面《ないめん》　内情《ないじょう》　内向《ないこう》

★主《おも》な読《よ》み【内】うち/ナイ/ダイ　★その他《た》の用語《ようご》「境内《けいだい》」とは、寺《てら》や神社《じんじゃ》の敷地内《しきちない》のこと。

外

2年《ねん》

「外」のイメージ

・そと　・他者《たしゃ》

・はずれる　・見《み》えている

●用語《ようご》のイメージ

外見《がいけん》
見《み》えている姿《すがた》。

外観《がいかん》
見《み》えているそとがわ。

疎外《そがい》される
仲間《なかま》の輪《わ》からはずされる。

外野《がいや》
関係《かんけい》のない他者《たしゃ》（第三者《だいさんしゃ》）。

口外《こうがい》する
ひみつを他者《たしゃ》（第三者《だいさんしゃ》）に話《はな》す。

●その他《た》の用語《ようご》

外国《がいこく》　外交《がいこう》　外的《がいてき》　外側《そとがわ》　外面《がいめん》　外科《げか》

例外《れいがい》　予想外《よそうがい》　案外《あんがい》　論外《ろんがい》　除外《じょがい》　管轄外《かんかつがい》

2 次《つぎ》の具体例《ぐたいれい》に関連《かんれん》の深《ふか》い言葉《ことば》をあとの□から選《えら》び、（　）に書《か》き入《い》れなさい。同《おな》じ言葉《ことば》を二度《にど》使《つか》うことはできません。

4点《てん》×6

① 新《あたら》しく建築《けんちく》されたビルの、一面《いちめん》に青《あお》い壁《かべ》。（　　）

② 手術《しゅじゅつ》をする医師《いし》らのチームとは関係《かんけい》がないのに、あれこれアドバイスしようとする医師《いし》。（　　）

③ 濃《こ》い化粧《けしょう》に赤《あか》い髪《かみ》、そして派手《はで》な衣装《いしょう》。（　　）

④ 地元住民《じもとじゅうみん》でない人《ひと》を冷《つめ》たくあしらう。（　　）

⑤ 二人《ふたり》だけの隠《かく》しごとを、他《た》の友《とも》だちに話《はな》す。（　　）

⑥ パンツ一枚《いちまい》で街中《まちなか》を歩《ある》く。（　　）

論外《ろんがい》　外見《がいけん》　疎外《そがい》　外野《がいや》　外観《がいかん》　口外《こうがい》

★主《おも》な読《よ》み【外】そと/ほか/はず-す/ガイ/ゲ　★その他《た》の用語《ようご》「管轄外《かんかつがい》」とは、「管理《かんり》する権限《けんげん》の範囲外《はんいがい》」「管理《かんり》している範囲《はんい》の外《そと》」ということ。

長

2年《ねん》

「長」のイメージ
・ながい　・大《おお》きい
・すぐれている　・リーダー

●用語《ようご》のイメージ

長所《ちょうしょ》
すぐれたところ。
↔ 短所《たんしょ》
おとったところ。

社長《しゃちょう》
会社《かいしゃ》のリーダー。

増長《ぞうちょう》
だんだん程度《ていど》が大《おお》きくなる。

冗長《じょうちょう》
むだにながい。

意味深長《いみしんちょう》
メッセージに、含《ふく》みが大《おお》きい。

●その他《た》の用語《ようご》

成長《せいちょう》　**長男**《ちょうなん》　**長女**《ちょうじょ》　**首長**《しゅちょう》　**年長**《ねんちょう》

3

あとの①～④の意味《いみ》に合《あ》う言葉《ことば》を、次《つぎ》の文章《ぶんしょう》の中《なか》から見《み》つけて、（　）に書《か》き入《い》れなさい。

4点《てん》×4

「長《ちょう》」のつく立場《たちば》の人《ひと》はさまざまだ。たとえば社長《しゃちょう》、所長《しょちょう》、校長《こうちょう》、院長《いんちょう》など、数《かぞ》えきれないほど存在《そんざい》する。そういう人々《ひとびと》は大勢《おおぜい》の成員《せいいん》の前《まえ》で話《はな》をする機会《きかい》が多《おお》いが、とかく冗長《じょうちょう》な話《はなし》をしてしまいがちだ。それを毎度聞《まいどき》かされている成員《せいいん》は、いらだちと反感《はんかん》を覚《おぼ》えてくる。なかには、抵抗《ていこう》する人間《にんげん》も出《で》てくるだろう。そうなると、リーダーはそういう成員《せいいん》を増長《ぞうちょう》させないように注意《ちゅうい》する必要《ひつよう》が出《で》てくる。そのためにも、意味深長《いみしんちょう》な短《みじか》いメッセージで終《お》わらせるくらいでちょうどよいということを知《し》っておきたい。

① 言葉《ことば》に含《ふく》みがある様子《ようす》（　　　）
② むだに長《なが》い話《はなし》（　　　）
③ だんだんとつけあがる（　　　）
④ 会社《かいしゃ》のリーダー（　　　）

★主《おも》な読《よ》み【長】なが-い/おさ/チョウ　★その他《た》の用語《ようご》「首長《しゅちょう》」は21ページ参照《さんしょう》。

短

3年《ねん》

「短」のイメージ
・みじかい　・すくない
・おとっている　・すぐ

●用語《ようご》のイメージ

短所《たんしょ》　↔　長所《ちょうしょ》
おとったところ。　すぐれたところ。

短気《たんき》
すぐ怒《おこ》る。

一長一短《いっちょういったん》
よいところも、おとったところもある。

短縮《たんしゅく》
みじかくする。ちぢめる。

手短《てみじか》に
かんたんにみじかく。

●その他《た》の用語《ようご》

短時間《たんじかん》　短文《たんぶん》　短歌《たんか》　短命《たんめい》

4 次《つぎ》の文章中《ぶんしょうちゅう》の（　）を埋《う》めるのにふさわしい言葉《ことば》をあとの□から選《えら》び、書《か》き入《い》れなさい。同《おな》じ言葉《ことば》を二度使《にどつか》うことはできません。

4点《てん》×4

山田《やまだ》「会議《かいぎ》がいつも長《なが》すぎる。もっと早《はや》く終《お》わるはずだ。一人《ひとり》あたりの発言《はつげん》を（　　）してくれ」

部長《ぶちょう》「山田君《やまだくん》、すぐ（　　）になってイライラするそのくせをなんとかしなさい」

山田《やまだ》「あ、部長《ぶちょう》。恐縮《きょうしゅく》です。しかしですね、たとえば今日《きょう》は、ここまでに山川《やまかわ》が発言《はつげん》したのが二〇分《にじっぷん》、海山《うみやま》が発言《はつげん》したのが二五分《にじゅうごふん》、それから……」

部長《ぶちょう》「もう少《すこ》し（　　）に話《はな》したらどうかね。山田君《やまだくん》はふだん、効率《こうりつ》よく仕事《しごと》をしている。でも、今《いま》のように長《なが》くなることもある。要《よう》するに、誰《だれ》しも（　　）があるものだからね。もうちょっと気長《きなが》に構《かま》えたまえ」

短所《たんしょ》　一長一短《いっちょういったん》　短気《たんき》　短縮《たんしゅく》　手短《てみじか》

面

3年《ねん》

「面」のイメージ
・顔《かお》・対《たい》する
・広《ひろ》がり・見《み》えている外側《そとがわ》

●用語《ようご》のイメージ

満面《まんめん》の笑《え》み
顔《かお》いっぱいの笑《え》み。

面識《めんしき》がある
顔《かお》を知《し》っている。

直面《ちょくめん》
直接《ちょくせつ》対《たい》しており、避《さ》けられない。

当面《とうめん》
今《いま》まさに対《たい》している。差《さ》し迫《せま》っている。

体面《たいめん》
外《そと》から見《み》えている自分《じぶん》。

●その他《た》の用語《ようご》

仮面《かめん》　面長《おもなが》　面会《めんかい》　面接《めんせつ》　対面《たいめん》　水面《すいめん》
文面《ぶんめん》　額面《がくめん》　面子《めんつ》　平面《へいめん》　全面的《ぜんめんてき》　衛生面《えいせいめん》

5 次《つぎ》の各文中《かくぶんちゅう》の（　）を埋《う》めるのにふさわしい言葉《ことば》をあとの□から選《えら》び、書《か》き入《い》れなさい。同《おな》じ言葉《ことば》を二度使《にどつか》うことはできません。　4点《てん》×6

① 被災地《ひさいち》での（　　　）の問題《もんだい》は、水《みず》をどう確保《かくほ》するかということだ。
② 被災地《ひさいち》では断水《だんすい》の問題《もんだい》に（　　　）している。
③ 互《たが》いに（　　　）がないのに、なぜか互《たが》いに会《あ》ったことがあるような気《き》がした。
④ 彼女《かのじょ》は（　　　）ばかり気《き》にしており、自分《じぶん》らしいふるまいができない。
⑤ 数億円《すうおくえん》で移籍《いせき》した投手《とうしゅ》だったが、初戦《しょせん》で期待《きたい》どおりの結果《けっか》を出《だ》せず、（　　　）がつぶれた形《かたち》だ。
⑥ 優勝《ゆうしょう》したチームの選手《せんしゅ》たちは（　　　）の笑《え》みを浮《う》かべていた。

体面《たいめん》　面識《めんしき》　直面《ちょくめん》　面子《めんつ》　当面《とうめん》　満面《まんめん》　額面《がくめん》

★主《おも》な読《よ》み【面】おも/おもて/つら/メン　★その他《た》の用語《ようご》「額面《がくめん》」とは「外側《そとがわ》からわかる価値《かち》」つまり「金額《きんがく》」のこと。「面子《めんつ》」は「体面《たいめん》」と同様《どうよう》のイメージ。メンツとも書《か》く。

解答《かいとう》

❶ ①内向《ないこう》 ②内面《ないめん》 ③内容《ないよう》 ④内情《ないじょう》 ⑤内通《ないつう》

❷ ①外観《がいかん》 ②外野《がいや》 ③外見《がいけん》
④疎外《そがい》 ⑤口外《こうがい》 ⑥論外《ろんがい》

❸ ①意味深長《いみしんちょう》 ②冗長《じょうちょう》 ③増長《ぞうちょう》 ④社長《しゃちょう》

❹ (順《じゅん》に) 短縮《たんしゅく》・短気《たんき》・手短《てみじか》・一長一短《いっちょういったん》

❺ ①当面《とうめん》 ②直面《ちょくめん》 ③面識《めんしき》
④体面《たいめん》 ⑤面子《めんつ》 ⑥満面《まんめん》

解説《かいせつ》

❶ ①「内面《ないめん》」はやや不自然《ふしぜん》。そもそも②で使《つか》うため選《えら》べません。性格《せいかく》については「内向《ないこう》」が適切《てきせつ》。

③これまでも何度《なんど》か登場《とうじょう》した「形式《けいしき》↑↓内容《ないよう》」の反対語《はんたいご》を意識《いしき》します。

❷ ①「外見《がいけん》」は人《ひと》に(③)、「外観《がいかん》」は建物《たてもの》などに用《もち》いることが多《おお》いと言《い》えます。

②「関係《かんけい》がない」とあるので、「外野《がいや》」が入《はい》ります。

④仲間外《なかまはず》れのイメージが「疎外《そがい》」に通《つう》じます。

⑥まさに「論外《ろんがい》」の行為《こうい》、ということです。

❸ ①「深長《しんちょう》」だけでも可《か》。

③「増長《ぞうちょう》」は、根本的《こんぽんてき》には「だんだん程度《ていど》が大《おお》きくなる」イメージですが、用法《ようほう》としてはもう少《すこ》し具体的《ぐたいてき》に、「だんだんとつけあがる」(悪《わる》い意味《いみ》で調子《ちょうし》に乗《の》ってくる)ような意味《いみ》でも用《もち》います。

❹ ①「山田君《やまだくん》はふだん、効率《こうりつ》よく仕事《しごと》をしている。でも、今《いま》のように長《なが》くなることもある。要《よう》するに」と言《い》っており、これをまとめると「一長一短《いっちょういったん》」ということになります。「短所《たんしょ》」も入《はい》りますが、この文脈《ぶんみゃく》を考《かんが》えると「一長一短《いっちょういったん》」のほうがよいでしょう。

❺ ①「直面《ちょくめん》の問題《もんだい》」とするのは不自然《ふしぜん》。

④「面子《めんつ》」も入《はい》りますが、⑤で用《もち》いるため使《つか》えません。体面《たいめん》、つまり他人《たにん》の目《め》にうつる自分《じぶん》ばかりを気《き》にしていると、自分《じぶん》らしくふるまえない、という文《ぶん》です。

⑤「面子《めんつ》がつぶれる」というまとまりで覚《おぼ》えておくようにしましょう。

3

「自《じ》他《た》」の漢字《かんじ》一覧《いちらん》

★私《わたし》たちは、誰《だれ》もが「自分《じぶん》」の目《め》でものを見《み》ています。一方《いっぽう》で、「自分《じぶん》」というものは、「他人《たにん》」がいるからこそ存在《そんざい》し得《え》ます。つまり、「自分《じぶん》」も「他人《たにん》」も、どちらも必《かなら》ず存在《そんざい》するわけです。ここでは、「自他《じた》」またはそれに近《ちか》いイメージの漢字《かんじ》を学《まな》びます。

自

他

公

私

主

独

110〜116ページ

自《じ》他《た》のイメージ

自己《じこ》・他者《たしゃ》

月　日
点《てん》
／100点《てん》

自

2年《ねん》

「自」のイメージ
・本人《ほんにん》　・みずから
・おのずから

●用語《ようご》のイメージ

自力《じりき》　↑↓　**他力《たりき》**
本人《ほんにん》の力《ちから》。　他人《たにん》の力《ちから》。

自律《じりつ》　↑↓　**他律《たりつ》**
本人《ほんにん》がコントロール。　他人《たにん》がコントロール。

自治《じち》
みずから治《おさ》める。

自発的《じはつてき》　↑↓　**強制的《きょうせいてき》**
本人《ほんにん》が進《すす》んで。　他人《たにん》からの影響《えいきょう》で。

自動《じどう》
おのずから動《うご》く。

●その他《た》の用語《ようご》

自由《じゆう》　**自信《じしん》**　**自白《じはく》**　**自転《じてん》**　**出自《しゅつじ》**　**自然《しぜん》**　**自負《じふ》**

1　次《つぎ》の各文《かくぶん》の——部《ぶ》の意味《いみ》に合《あ》う言葉《ことば》をあとの□から選《えら》び、（　）に書《か》き入《い》れなさい。同《おな》じ言葉《ことば》を二度使《にどつか》うことはできません。

5点《てん》×4

① 六年生《ろくねんせい》の教室《きょうしつ》では、四月《しがつ》、こんな話《はなし》がよく聞《き》かれる。「これからは最高学年《さいこうがくねん》です。進《すす》んで行動《こうどう》し、下級生《かきゅうせい》のお手本《てほん》になるようにしましょう」
（　　　）的《てき》に行動《こうどう》し

② 児童会《じどうかい》、生徒会《せいとかい》といった組織《そしき》は、児童《じどう》・生徒《せいと》らが、みずからの生活《せいかつ》の場《ば》をみずから治《おさ》めることを目的《もくてき》とした組織《そしき》である。
（　　　）を目的《もくてき》とした組織《そしき》

③ ゲームをする時間《じかん》などというのは、誰《だれ》か他人《たにん》に決《き》めてもらうのではなく、本人《ほんにん》がコントロールして決《き》めるものです。
（　　　）して

④ あの監督《かんとく》は、人気映画《にんきえいが》を次々生《つぎつぎう》み出《だ》してきたという自信《じしん》とプライドをもっている。
（　　　）

出自《しゅつじ》　自律《じりつ》　自負《じふ》　自治《じち》　自発《じはつ》　自白《じはく》

★主《おも》な読《よ》み【自】みずか-ら/おの-ずから/ジ/シ　★その他《た》の用語《ようご》「出自《しゅつじ》」とは「生《う》まれ」「出《で》どころ」などのこと。

他

3年《ねん》

「他」のイメージ
・ほか　・〜以外《いがい》
・別《べつ》

●用語《ようご》のイメージ

他人《たにん》・他者《たしゃ》 ↔ **自分《じぶん》・自己《じこ》**
じぶん以外《いがい》の人《ひと》。　じぶん。

他言《たごん》する
かくしごとを、ほかの人《ひと》に話《はな》す。

他方《たほう》
別《べつ》のほう。

他力本願《たりきほんがん》
ほかにたよる。人《ひと》まかせ。

排他的《はいたてき》
じぶんの仲間《なかま》以外《いがい》を受《う》け入《い》れない。

●その他《た》の用語《ようご》

他国《たこく》　他社《たしゃ》　他律《たりつ》

---

2 次《つぎ》の各文中《かくぶんちゅう》の（　）を埋《う》めるのにふさわしい言葉《ことば》をあとの□から選《えら》び、書《か》き入《い》れなさい。同《おな》じ言葉《ことば》を二度《にど》使《つか》うことはできません。　3点《てん》×5

① このことは（　　）しないでください、と言《い》われたが、つい口《くち》をすべらせてしまいそうで心配《しんぱい》だ。

② がんばってね、とは言《い》われたが、あまり心《こころ》がこもっているようには思《おも》えなかった。まあ、しょせんは（　　ごと）なんだろうな。

③ インフルエンザは治《なお》った。（　　）、休《やす》んだ分《ぶん》の勉強《べんきょう》はこれから片《かた》づけなければならないから、心配《しんぱい》ごとはまだ続《つづ》く。

④ どこか（　　的《てき》）な空気《くうき》があるので、この組織《そしき》には長《なが》くいられそうもない。

⑤ そんな（　　本願《ほんがん》）な考《かんが》えは捨《す》てて、自力《じりき》で問題《もんだい》を乗《の》り越《こ》える意志《いし》を持《も》ちなさい。

他力《たりき》　他律《たりつ》　他方《たほう》　他言《たごん》　他人《たにん》　排他《はいた》

公

2年《ねん》

「公」のイメージ

・みんな
・全体《ぜんたい》　・共通《きょうつう》

●用語《ようご》のイメージ

公共《こうきょう》
みんな。全体《ぜんたい》。

公立《こうりつ》 ↔ **私立《しりつ》**
みんなで設立《せつりつ》。　個人《こじん》で設立《せつりつ》。

公式《こうしき》
共通《きょうつう》する方法《ほうほう》。

公益《こうえき》
みんなの利益《りえき》。全体《ぜんたい》の利益《りえき》。

公約《こうやく》
みんなへの約束《やくそく》。

●その他《た》の用語《ようご》

公開《こうかい》　公務《こうむ》　公害《こうがい》　公然《こうぜん》　奉公《ほうこう》
公平《こうへい》　公正《こうせい》　公明正大《こうめいせいだい》

---

3 次《つぎ》の具体例《ぐたいれい》に関連《かんれん》の深《ふか》い言葉《ことば》をあとの□から選《えら》び、（　）に書《か》きなさい。同《おな》じ言葉《ことば》を二度《にど》使《つか》うことはできません。　3点《てん》×5

① 駅前《えきまえ》で立候補者《りっこうほしゃ》が、「中学校《ちゅうがっこう》への給食導入《きゅうしょくどうにゅう》を、みなさんに約束《やくそく》します」と叫《さけ》んでいた。（　）

② 長方形《ちょうほうけい》の面積《めんせき》は縦《たて》×横《よこ》です。これは、どんな長《ちょう》方形《ほうけい》にも共通《きょうつう》する計算方法《けいさんほうほう》です。（　）

③ 市立学校《しりつがっこう》は、みんなが払《はら》った税金《ぜいきん》で設立《せつりつ》されています。（　）

④ 公園《こうえん》というのは、その名《な》のとおり、みんなのための場所《ばしょ》です。（　）

⑤ ここに橋《はし》をつくることは、みんなの利益《りえき》になるはずです。（　）

公約《こうやく》　公益《こうえき》　公立《こうりつ》　公式《こうしき》　公共《こうきょう》

私

6年《ねん》

「私」のイメージ
・自分《じぶん》、自己《じこ》
・個人《こじん》 ・ひそか

●用語《ようご》のイメージ

私的《してき》 個人的《こじんてき》。自分《じぶん》の。 ↔ **公的《こうてき》** みんなの。

私服《しふく》 個人《こじん》で着《き》る服《ふく》。 ↔ **制服《せいふく》** みんなで着《き》る服《ふく》。

私生活《しせいかつ》 個人《こじん》の生活《せいかつ》。

私語《しご》 ひそひそ話《ばなし》。ひそかな話《はなし》。

私情《しじょう》 自分《じぶん》の利益《りえき》だけを考《かんが》える。

●その他《た》の用語《ようご》

私用《しよう》 **私有《しゆう》** **私立《しりつ》**
私腹《しふく》を肥《こ》やす **私利《しり》私欲《しよく》**

---

4 次《つぎ》の具体例《ぐたいれい》に関連《かんれん》の深《ふか》い言葉《ことば》をあとの□から選《えら》び、（　）に書《か》きなさい。同《おな》じ言葉《ことば》を二度《にど》使《つか》うことはできません。 3点《てん》×5

① 卒業式《そつぎょうしき》のあとに茶話会《さわかい》があります。各自《かくじ》の好《す》きな服装《ふくそう》で来《き》てください。（　）

② 授業中《じゅぎょうちゅう》、勝手《かって》にひそひそ話《はな》すのはやめなさい。（　）

③ 有名《ゆうめい》な野球選手《やきゅうせんしゅ》がインスタグラムで自身《じしん》の飼《か》い犬《いぬ》や家《いえ》の中《なか》の写真《しゃしん》をアップしていた。（　）

④ かつて所属《しょぞく》したチーム内《ない》での不祥事《ふしょうじ》のニュースに、元選手《もとせんしゅ》の解説者《かいせつしゃ》は甘《あま》いコメントを残《のこ》した。（　）

⑤ 政治家《せいじか》が、その立場《たちば》を利用《りよう》して裏金《うらがね》をためこむなんて、許《ゆる》せない。（　）

私語《しご》　私生活《しせいかつ》　私腹《しふく》を肥《こ》やす　私情《しじょう》　私服《しふく》

★主《おも》な読《よ》み【私】わたし/わたくし/シ　★その他《た》の用語《ようご》「私腹《しふく》を肥《こ》やす」とは、「公的《こうてき》な立場《たちば》を利用《りよう》して、私的《してき》にかせぐ」といったイメージ。

主

3年《ねん》

「主」のイメージ

・自分《じぶん》
・中心《ちゅうしん》

●用語《ようご》のイメージ

自主的《じしゅてき》　自分《じぶん》からすすんでする。　↔　強制的《きょうせいてき》　他人《たにん》からさせられる。

主要《しゅよう》　中心的《ちゅうしんてき》なこと。

主観《しゅかん》　自分中心《じぶんちゅうしん》の見方《みかた》。　↔　客観《きゃっかん》　他人《たにん》が納得《なっとく》する見方《みかた》。

主役《しゅやく》　中心《ちゅうしん》となる役《やく》。

主張《しゅちょう》　自分《じぶん》の強《つよ》い意見《いけん》。

●その他《た》の用語《ようご》

主流《しゅりゅう》　主従《しゅじゅう》　主催《しゅさい》　主将《しゅしょう》　君主《くんしゅ》　家主《やぬし》

---

5 次《つぎ》の各文中《かくぶんちゅう》の（　）を埋《う》めるのにふさわしい言葉《ことば》をあとの□から選《えら》び、書《か》き入《い》れなさい。同《おな》じ言葉《ことば》を二度使《にどつか》うことはできません。

3点《てん》×5

① まんが『ドラえもん』の（　　　　）はドラえもんではなく、のび太《た》だと考《かんが》えるべきだ。

② （　　　　）というものは一般《いっぱん》に、何《なに》かを否定《ひてい》し何《なに》かを肯定《こうてい》する形《かたち》をとる。

③ 教師《きょうし》らは（　　　　性《せい》）を大事《だいじ》にするよう子《こ》どもたちに口酸《くちず》っぱく指導《しどう》するものだが、自《じ》分《ぶん》から行動《こうどう》するにしても、その「方法《ほうほう》」を教《おし》えてあげなければ子《こ》どもには行動《こうどう》しようがない。

④ 記述答案《きじゅつとうあん》の採点《さいてん》において（　　　　性《せい》）を完全《かんぜん》に排除《はいじょ》するのは難《むずか》しいことだ。

⑤ あの声優《せいゆう》が（　　　　）なキャラクターを演《えん》じられるようになったのは最近《さいきん》のことだ。

主要《しゅよう》　主張《しゅちょう》　自主《じしゅ》　主役《しゅやく》　主観《しゅかん》

★主《おも》な読《よ》み【主】おも/ぬし/シュ/ス　★その他《た》の用語《ようご》「主従《しゅじゅう》」とは、主《しゅ》たるもの（メイン）と、それに従《したが》うもの（サブ）といったイメージ。

独

5年《ねん》

「独」のイメージ
・ひとり
・仲間《なかま》がいない
・自分《じぶん》だけ

●用語《ようご》のイメージ

単独《たんどく》 自分《じぶん》だけで仲間《なかま》がいない。

独創《どくそう》 自分《じぶん》だけで生《う》み出《だ》す。 ↔ **模倣《もほう》** 他人《たにん》のまねをする。
オリジナル。

独学《どくがく》 誰《だれ》かに習《なら》わず自分《じぶん》ひとりで学《まな》ぶ。

独裁《どくさい》 自分《じぶん》ひとりで決《き》める。

独善《どくぜん》 自分《じぶん》だけが正《ただ》しいと考《かんが》える。

●その他《た》の用語《ようご》

独占《どくせん》　**独力《どくりょく》**　**独特《どくとく》**　**独身《どくしん》**　**孤独《こどく》**　**独断《どくだん》**

6 次《つぎ》の各文中《かくぶんちゅう》の（　）を埋《う》めるのにふさわしい言葉《ことば》をあとの□から選《えら》び、書《か》き入《い》れなさい。同《おな》じ言葉《ことば》を二度使《にどつか》うことはできません。 4点《てん》×5

① 誰《だれ》に習《なら》うでもなく（　　）でフランス語《ご》をマスターしただなんて、すごいね。

② 民主主義《みんしゅしゅぎ》をうたいながらも、その実態《じったい》としては（　　主義《しゅぎ》）であるという国《くに》もある。

③ 新《あたら》しいリーダーは（　　的《てき》）で、昔《むかし》から組織《そしき》が引《ひ》き継《つ》いできた慣習《かんしゅう》も無視《むし》し、自分《じぶん》の好《す》きなようにルールを決《き》めていった。

④ 日本《にほん》の学校教育《がっこうきょういく》では（　　性《せい》）ばかりがもてはやされ、個性的《こせいてき》であることばかりが重視《じゅうし》されているが、学《まな》びとはそもそも「真似《まね》び」であることを忘《わす》れてはならない。

⑤ 犯人《はんにん》は（　　行動《こうどう》）をしていたらしいが、真実《しんじつ》はまだ分《わ》からない。

単独《たんどく》　独善《どくぜん》　独創《どくそう》　独裁《どくさい》　独学《どくがく》

★主《おも》な読《よ》み【独】ひと-り／ドク　★その他《た》の用語《ようご》「独占《どくせん》」とは、「独《ひと》り占《じ》め」のこと。

解答《かいとう》

❶ ①自発《じはつ》（的《てき》に行動《こうどう》し） ②自治《じち》（を目的《もくてき》とした組織《そしき》） ③自律《じりつ》（して） ④自負《じふ》

❷ ①他言《たごん》 ②他人《たにん》（ごと） ③他方《たほう》 ④排他《はいた》（的《てき》） ⑤他力《たりき》（本願《ほんがん》）

❸ ①公約《こうやく》 ②公式《こうしき》 ③公立《こうりつ》 ④公共《こうきょう》 ⑤公益《こうえき》

❹ ①私服《しふく》 ②私語《しご》 ③私生活《しせいかつ》 ④私情《しじょう》 ⑤私腹《しふく》を肥《こ》やす

❺ ①主役《しゅやく》 ②主張《しゅちょう》 ③自主《じしゅ》（性《せい》） ④主観《しゅかん》（性《せい》） ⑤主要《しゅよう》

❻ ①独学《どくがく》 ②独裁《どくさい》（主義《しゅぎ》） ③独善《どくぜん》（的《てき》） ④独創《どくそう》（性《せい》） ⑤単独《たんどく》（行動《こうどう》）

解説《かいせつ》

❶「自律《じりつ》」は①にも入《い》れられますが、代《か》わりに③に「自発《じはつ》」を入《い》れることはできないため、「自律《じりつ》」は③となります。「自負《じふ》」は「自分《じぶん》が負《ま》ける」ではなく、「自分《じぶん》で自分《じぶん》を負《お》う」、つまり自分《じぶん》を頼《たよ》りにすること、すなわち自信《じしん》をもつことである、と考《かんが》えると、理解《りかい》しやすいでしょう。

❷ ①「口《くち》をすべらす」とは、言《い》ってはならないことをつい言《い》ってしまうことです。

❸ ③「公立《こうりつ》」に対《たい》し「私立《しりつ》」は、個人《こじん》あるいは民《みん》間《かん》団体《だんたい》が資金《しきん》を整《ととの》えて設立《せつりつ》するイメージの言葉《ことば》です。

❹ ①卒業式《そつぎょうしき》などの公的《こうてき》な場《ば》では制服《せいふく》を着《き》て、茶話《さわ》会《かい》などの私的《してき》な場《ば》では私服《しふく》を着《き》る。というイメージの文《ぶん》です。
③私生活《しせいかつ》を公開《こうかい》している、というイメージです。
⑤私利私欲《しりしよく》という言葉《ことば》もちょうど当《あ》てはまりそうな文《ぶん》になっています。

❺ ④自分《じぶん》なりの見方《みかた》を完全《かんぜん》になくし公平《こうへい》な基準《きじゅん》で採点《さいてん》するのは難《むずか》しい、といった意味合《いみあ》いです。

❻ ～性《せい》、～的《てき》、～主義《しゅぎ》など、よく用《もち》いられる表現《ひょうげん》を丸《まる》ごと覚《おぼ》えてしまいましょう。

4

「わける」の漢字《かんじ》一覧《いちらん》

★言葉《ことば》とは、そもそも「わける」ためにあります。たとえば、青色《あおいろ》と紺色《こんいろ》を区別《くべつ》することができるのは、「青《あお》」「紺《こん》」という言葉《ことば》が存在《そんざい》するからです。

言葉《ことば》は、わけるためにある。となれば、「わける」意味《いみ》をもつ漢字《かんじ》も必然的《ひつぜんてき》に増《ふ》えるはずなのです。

分
比
裁
判

識
理
解

118～126ページ

「わける」のイメージ

切《き》り分《わ》ける（1）

月　日
点《てん》
／100点《てん》

分

2年《ねん》

「分」のイメージ
・わける　・ことなる
・区別《くべつ》する

●用語《ようご》のイメージ

自分《じぶん》　他人《たにん》とはことなる。他人《たにん》とわけた存在《そんざい》。

分析《ぶんせき》　わける。　↔　総合《そうごう》　合《あ》わせる。

分節《ぶんせつ》　言葉《ことば》によってわける、区別《くべつ》する。

身分《みぶん》　地位《ちい》をわけたもの。

本分《ほんぶん》　ほかと区別《くべつ》された務《つと》め。

●その他《た》の用語《ようご》

分割《ぶんかつ》　**区分《くぶん》**　**成分《せいぶん》**　**分際《ぶんざい》**　**分別《ふんべつ》**　**処分《しょぶん》**

---

1 次《つぎ》の各文中《かくぶんちゅう》の（　）を埋《う》めるのにふさわしい言葉《ことば》をあとの□から選《えら》び、書《か》き入《い》れなさい。同《おな》じ言葉《ことば》を二度使《にどつか》うことはできません。　5点《てん》×5

① 市長《しちょう》という高《たか》い（　　）になっても、おごり高《たか》ぶることなく市民目線《しみんめせん》を失《うしな》わない。そんな人《ひと》だからこそ、市長《しちょう》になれたのだろう。

② 学生《がくせい》の（　　）は勉強《べんきょう》なのだから、アルバイトに時間《じかん》をかけすぎるのは困《こま》る。

③ 英語《えいご》ではライスとしか呼《よ》ばないものについて、日本語《にほんご》では稲《いね》・米《こめ》・飯《めし》と名《な》づけ、区別《くべつ》する。こうした区別《くべつ》を、（　　）と呼《よ》ぶ。

④ 今回《こんかい》の事件《じけん》を時系列《じけいれつ》で（　　）した記事《きじ》が興味深《きょうみぶか》かった。

⑤ 新入社員《しんにゅうしゃいん》の（　　）で偉《えら》そうに言《い》うな、と怒鳴《どな》られたが、納得《なっとく》がいかない。

本分《ほんぶん》　分際《ぶんざい》　分析《ぶんせき》　身分《みぶん》　分節《ぶんせつ》

★主《おも》な読《よ》み【分】わ-ける/わ-かる/フン/ブン/ブ　★その他《た》の用語《ようご》「分別」は「ふんべつ」と読《よ》むと「善悪《ぜんあく》などの区別《くべつ》」、「ぶんべつ」と読《よ》むと「種類《しゅるい》などでわけること」となる。

比

5年《ねん》

「比」のイメージ
・くらべる
・ちがい（をみつける）

●用語《ようご》のイメージ

比較《ひかく》
くらべる。ちがいをみつける。

対比《たいひ》
くらべる。ちがいをはっきりさせる。

比喩《ひゆ》
くらべて似《に》た点《てん》をみつけ、たとえる。

比重《ひじゅう》
大事《だいじ》にする度合《どあ》いのちがい。

比類《るい》ない
くらべられるものがないほどに良《よ》い。

●その他《た》の用語《ようご》

比例《ひれい》　**類比《るいひ》**　**比率《ひりつ》**　**比肩《ひけん》する**

2

次《つぎ》の各文中《かくぶんちゅう》の（　）を埋《う》めるのにふさわしい言葉《ことば》をあとの□から選《えら》び、書《か》き入《い》れなさい。同《おな》じ言葉《ことば》を二度使《にどつか》うことはできません。

5点《てん》×5

① 一日《いちにち》の勉強時間《べんきょうじかん》において不得意科目《ふとくいかもく》にかける時間《じかん》の（　）を上《あ》げていかないとね。

② ジャスミン茶《ちゃ》ってトイレの味《あじ》がするね、とある子《こ》が言《い》った。もちろん（　）である。

③ 前《まえ》のオリンピックの金《きん》メダリストは、今回《こんかい》のオリンピックでも強《つよ》かった。（　）なき強《つよ》さだった。

④ 左《ひだり》のペンは赤《あか》いが、右《みぎ》のペンは安《やす》い。などという文《ぶん》は、（　）とは言《い》えない。色《いろ》なら色《いろ》、価格《かかく》なら価格《かかく》というように、観点《かんてん》を統一《とういつ》すべきだ。

⑤ あの国《くに》はアメリカに（　）するような戦闘力《せんとうりょく》をもっているらしい。

比喩《ひゆ》　比肩《ひけん》　比類《ひるい》　対比《たいひ》　比重《ひじゅう》

★主《おも》な読《よ》み【比】くら-べる/ヒ　★その他《た》の用語《ようご》「比肩《ひけん》する」は「肩《かた》を並《なら》べる」（くらべると肩《かた》が並《なら》ぶほどの）といったイメージ。

裁

6年《ねん》

「裁」のイメージ
・切《き》る ・わける
・決《き》める

用語《ようご》のイメージ

裁縫《さいほう》 布《ぬの》を切《き》ったり縫《ぬ》ったりする。

裁判《さいばん》 正《せい》・不正《ふせい》を切《き》りわける。

裁量《さいりょう》 自身《じしん》で判断《はんだん》し、決《き》める。

仲**裁**《ちゅうさい》 第三者《だいさんしゃ》が判断《はんだん》し、決《き》める。

制**裁**《せいさい》 切《き》りわけ、こらしめる。

その他《た》の用語《ようご》

体**裁**《ていさい》 **裁**定《さいてい》 独**裁**《どくさい》 断**裁**《だんさい》 決**裁**《けっさい》

---

3 次《つぎ》の具体例《ぐたいれい》に関連《かんれん》の深《ふか》い言葉《ことば》をあとの□から選《えら》び、（　）に書《か》きなさい。同《おな》じ言葉《ことば》を二度《にど》使《つか》うことはできません。 6点《てん》×5

① ケンカしている二人《ふたり》の子《こ》に先生《せんせい》が割《わ》って入《はい》り、よしあしを判断《はんだん》する。（　）

② 欠席《けっせき》が多《おお》い子《こ》について、教育委員会《きょういくいいんかい》に相談《そうだん》せず、校長《こうちょう》の判断《はんだん》で卒業《そつぎょう》できるかどうかを決《き》める。（　）

③ 盗《ぬす》みを犯《おか》した男《おとこ》の刑罰《けいばつ》を決《き》める。（　）

④ 古《ふる》いバスタオルを切《き》って端《はし》を縫《ぬ》い、雑巾《ぞうきん》を作《つく》る。（　）

⑤ アメリカが北朝鮮《きたちょうせん》に制限《せいげん》をかける。（　）

裁縫《さいほう》 制裁《せいさい》 裁量《さいりょう》 仲裁《ちゅうさい》 裁判《さいばん》

★主《おも》な読《よ》み【裁】た-つ/さば-く/サイ ★その他《た》の用語《ようご》「断裁《だんさい》」は「裁断《さいだん》」とほぼ同《おな》じ用法《ようほう》。重《かさ》ねてある紙《かみ》や布《ぬの》などを切《き》るイメージ。

判

5年《ねん》

「判」のイメージ
・切《き》る　・わける
・決《き》める　・はっきりする

●用語《ようご》のイメージ

判断《はんだん》
よしあしを切《き》りわけ、はっきり決《き》める。

判決《はんけつ》
切《き》り分《わ》けて、（刑罰《けいばつ》を）決《き》める。

評判《ひょうばん》
一般人《いっぱんじん》が、よしあしを決《き》める。うわさ。

批判《ひはん》
マイナス面《めん》をはっきりさせる。

審判《しんぱん》
よしあしを切《き》りわけ、はっきり決《き》める。

●その他《た》の用語《ようご》

判定《はんてい》　**裁判《さいばん》**　**判明《はんめい》**　**判然《はんぜん》**　**直談判《じかだんぱん》**　**太鼓判《たいこばん》**

4

次《つぎ》の各文《かくぶん》の――部《ぶ》を言《い》いかえた（　　）の表現《ひょうげん》を埋《う》める言葉《ことば》を、このページの上段《じょうだん》の用語《ようご》※から選《えら》び、書《か》き入《い》れなさい（※「その他《た》の用語《ようご》」も含《ふく》む）。

5点《てん》×4

① レストラン、クリニック、学習塾等々《がくしゅうじゅくとうとう》、さまざまなサービスを選《えら》ぶ際《さい》、サービスのよしあしについてウェブ上《じょう》でどのような声《こえ》が発《はっ》せられているかを事前《じぜん》に調《しら》べるのが、今《いま》や常識《じょうしき》だ。
（ウェブ上《じょう》の　　　　を事前《じぜん》に調《しら》べる）

② 日本人《にほんじん》は、互《たが》いの意見《いけん》のマイナス面《めん》を指摘《してき》し合《あ》えるような人間関係《にんげんかんけい》をもてるようになるべきだ。
（互《たが》いに　　　　し合《あ》えるような）

③ サプリメントによる健康被害《けんこうひがい》がどのような原因《げんいん》によるものなのか、はっきりとわからない。
（　　　　としない）

④ 学校《がっこう》で起《お》こったいじめ問題《もんだい》に決着《けっちゃく》をつけるため、教育委員会《きょういくいいんかい》に直接《ちょくせつ》うったえた。
（教育委員会《きょういくいいんかい》に　　　　した）

★主《おも》な読《よ》み【判】わか-る/ハン/バン　★その他《た》の用語《ようご》「太鼓判《たいこばん》」は、太鼓《たいこ》のように大《おお》きなハンコのイメージ。「太鼓判《たいこばん》を押《お》す」という表現《ひょうげん》で使《つか》われ、「確実《かくじつ》である」ということ。

解答《かいとう》

1 ①身分《みぶん》　②本分《ほんぶん》　③分節《ぶんせつ》　④分析《ぶんせき》　⑤分際《ぶんざい》

2 ①比重《ひじゅう》　②比喩《ひゆ》　③比類《ひるい》　④対比《たいひ》　⑤比肩《ひけん》

3 ①仲裁《ちゅうさい》　②裁量《さいりょう》　③裁判《さいばん》　④裁縫《さいほう》　⑤制裁《せいさい》

4 ①（ウェブ上《じょう》の）評判《ひょうばん》（を事前《じぜん》に調《しら》べる）
②（互《たが》いに）批判《ひはん》（し合《あ》えるような）
③判然《はんぜん》（としない）
④（教育委員会《きょういくいいんかい》に）直談判《じかだんぱん》（した）

解説《かいせつ》

1
②学生《がくせい》とそれ以外《いがい》とを「わけた」ときに、学生《がくせい》ならではの務《つと》め、つまり学生《がくせい》の「本分《ほんぶん》」がはっきりします。
③「分節《ぶんせつ》」は言語学《げんごがく》の用語《ようご》です。言葉《ことば》のイメージ（意味《いみ》）を切《き》り分《わ》け、境界線《きょうかいせん》を入《い》れることです。
⑤「分際《ぶんざい》」とは、身分《みぶん》・地位《ちい》が低《ひく》い者《もの》を馬鹿《ばか》にするイメージで使《つか》う言葉《ことば》です。

2
③「比類《ひるい》なき○○」という表現《ひょうげん》は定番《ていばん》です。
⑤アメリカと肩《かた》を並《なら》べるような戦闘力《せんとうりょく》、という意味《いみ》になっています。

3
①争《あらそ》いごとに対《たい》し、当事者《とうじしゃ》（争《あらそ》っている二者《にしゃ》）とは異《こと》なる第三者《だいさんしゃ》が割《わ》って入《はい》るのが、「仲裁《ちゅうさい》」のイメージです。ここでは、先生《せんせい》が第三者《だいさんしゃ》です。
②「裁量《さいりょう》」というのは、一定《いってい》の権限《けんげん》をもった人《ひと》が、より上《うえ》の権限《けんげん》をもった人《ひと》の許可《きょか》を待《ま》たずに決《き》める、といったイメージの言葉《ことば》です。教育委員会《きょういくいいんかい》は校長《こうちょう》より上《うえ》の権限《けんげん》をもちます。

4
③「判然《はんぜん》とする」という使《つか》い方《かた》よりも、「判然《はんぜん》としない」という使《つか》い方《かた》のほうが多《おお》いと言《い》えます。覚《おぼ》えておきましょう。
④本来《ほんらい》はまず校長《こうちょう》にうったえるべきですから、教育《きょういく》委員会《いいんかい》にうったえるのは校長《こうちょう》を飛《と》び越《こ》えているわけですが、あえて、より上《うえ》の権限《けんげん》をもった組織《そしき》に直接《ちょくせつ》うったえた、という意味《いみ》です。そういう行為《こうい》を、「直談判《じかだんぱん》」と言《い》います。

切《き》り分《わ》ける(2)

識

5年《ねん》

「識」のイメージ
・見《み》わける
・区別《くべつ》する

月　日
点《てん》
／100点《てん》

●用語《ようご》のイメージ

知識《ちしき》 言葉《ことば》によって区別《くべつ》して整理《せいり》された内容《ないよう》。

認識《にんしき》 他《た》と区別《くべつ》して知《し》る。

意識《いしき》 自《みずか》ら他《た》と区別《くべつ》して知《し》る。

面識《めんしき》 顔《かお》を見《み》わけられる。

識者《しきしゃ》 よしあしを見《み》わけられる人《ひと》。

●その他《た》の用語《ようご》

標識《ひょうしき》　良識《りょうしき》　学識《がくしき》　博識《はくしき》　見識《けんしき》　識見《しきけん》

1 次《つぎ》の文章《ぶんしょう》の意味《いみ》に合《あ》わない説明《せつめい》をあとのア〜エから一《ひと》つ選《えら》び、記号《きごう》にマルをつけなさい。　12点《てん》

電車《でんしゃ》に乗《の》っているとき、周囲《しゅうい》にいる人々《ひとびと》はたしかに物理的《ぶつりてき》に存在《そんざい》している。しかし、意識《いしき》の上《うえ》では、存在《そんざい》していないのである。名前《なまえ》も知《し》らない彼《かれ》らはただの「人《ひと》」であり、たとえば田中《たなか》さん、木村《きむら》さんといった誰《だれ》かがそこに「存在《そんざい》する」とは言《い》えない。人名《じんめい》だけではない。国名《こくめい》だろうと商品名《しょうひんめい》だろうと同《おな》じだ。名前《なまえ》を知《し》らなければ、それはそこに「存在《そんざい》しない」のと同《おな》じことである。区別《くべつ》するための名前《なまえ》、つまりは言葉《ことば》があればこそ、存在《そんざい》は生《う》まれる。

ア　知識《ちしき》なしに存在《そんざい》を認識《にんしき》することはできない。

イ　物理的《ぶつりてき》に存在《そんざい》するからこそ、名前《なまえ》で呼《よ》ぶことができる。

ウ　存在《そんざい》とは、意識《いしき》における存在《そんざい》を意味《いみ》する。

エ　知識《ちしき》があるから区別《くべつ》でき、区別《くべつ》できるから存在《そんざい》を認識《にんしき》できる。

★主《おも》な読《よ》み【識】し-る/シキ　★その他《た》の用語《ようご》「良識《りょうしき》」は、「健全《けんぜん》な判断力《はんだんりょく》」のこと。

理

2年《ねん》

「理」のイメージ
・すじみち
・わける　・ととのえる

●用語《ようご》のイメージ

整理《せいり》　わけて、ととのえる。

論理《ろんり》　ととのえられたすじみち。

理由《りゆう》　そのようになるまでの、すじみち。

理性《りせい》　わけて考《かんが》える。　↑↓　**感性《かんせい》**　わけずに感《かん》じとる。

理解《りかい》　わけて、ととのえる。わけることで、わかる。

●その他《た》の用語《ようご》

理想《りそう》　**理念《ねん》**　**理論《ろん》**　**原理《げんり》**　**真理《しんり》**　**合理《ごうり》**

心理《しんり》　**道理《どうり》**　**推理《すいり》**　**理科《りか》**　**料理《りょうり》**　**地理《ちり》**

---

2 次《つぎ》の各文中《かくぶんちゅう》の（　）を埋《う》めるのにふさわしい言葉《ことば》をあとの□から選《えら》び、書《か》き入《い》れなさい。同《おな》じ言葉《ことば》を二度使《にどつか》うことはできません。　8点《てん》×5

① 頭《あたま》が混乱《こんらん》してきたから少《すこ》し（　　）させてほしい。

② （　　）というのは、情報《じょうほう》をばらばらにして、組《く》み立《た》てなおすことだ。文章《ぶんしょう》の場合《ばあい》、それは「読解《どっかい》」ということになる。

③ 幼児《ようじ》であっても「どうしてかというと……」などと話《はな》せるわけだから、（　　性《せい》）はもっているはずだ。

④ 頭《あたま》で考《かんが》えうる最上《さいじょう》の素晴《すば》らしい世界《せかい》を、ユートピア、あるいは（　　郷《きょう》）と呼《よ》ぶ。

⑤ ピアノを弾《ひ》くときに必要《ひつよう》なのは第一《だいいち》に感性《かんせい》だが、（　　）も当然《とうぜん》、必要《ひつよう》になる。

理解《りかい》　整理《せいり》　理性《りせい》　真理《しんり》　理想《りそう》　論理《ろんり》

★主《おも》な読《よ》み【理】ことわり／リ　★その他《た》の用語《ようご》「推理《すいり》」とは、「すじみちを立《た》てて考《かんが》える」イメージ。ほかにも、「理髪店《りはつてん》」は「髪《かみ》のすじみちをととのえる店《みせ》」。

解

5年《ねん》

「解」のイメージ
・わける　・ばらばらにする
・ゆるめる　・消《き》える

●用語《ようご》のイメージ

分解《ぶんかい》　わけて、ばらばらにする。

解説《かいせつ》　わけて、わかりやすく説明《せつめい》する。

解散《かいさん》　ばらばらにする。ゆるめる。

和解《わかい》　ばらばらになる。ゆるむ。問題《もんだい》が消《き》える。

解熱《げねつ》　熱《ねつ》が消《き》える。ゆるむ。

●その他《た》の用語《ようご》

解決《かいけつ》　解明《かいめい》　解消《かいしょう》　理解《りかい》　弁解《べんかい》　誤解《ごかい》

解放《かいほう》　解禁《かいきん》　解除《かいじょ》　解任《かいにん》　見解《けんかい》

3　次《つぎ》の各文中《かくぶんちゅう》の（　　）を埋《う》めるのにふさわしい言葉《ことば》をあとの□から選《えら》び、書《か》き入《い》れなさい。同《おな》じ言葉《ことば》を二度使《にどつか》うことはできません。　8点《てん》×6

①　元《もと》プロ野球選手《やきゅうせんしゅ》の解説者《かいせつしゃ》が、複雑《ふくざつ》なプレーについての（　　）を述《の》べていた。

②　四時《よじ》に駅前《えきまえ》で（　　）しますから、そのあとは各自《かくじ》で帰宅《きたく》してください。

③　長《なが》い間《あいだ》言《い》い争《あらそ》っていた二人《ふたり》が、年明《としあ》けになってようやく（　　）したらしい。

④　日本代表《にほんだいひょう》の監督《かんとく》が、一回戦敗退《いっかいせんはいたい》の責任《せきにん》をとる形《かたち》で（　　）された。

⑤　感染症《かんせんしょう》のリスクが小《ちい》さくなり、外出禁止令《がいしゅつきんしれい》がようやく（　　）された。

⑥　人質《ひとじち》が（　　）されるまでは、特殊《とくしゅ》部隊《ぶたい》であってもなかなか突入《とつにゅう》できないらしい。

解散《かいさん》　和解《わかい》　解放《かいほう》　解任《かいにん》　解除《かいじょ》　見解《けんかい》

★主《おも》な読《よ》み【解】と-く／ほど-く／ほぐ-す／わか-る／カイ／ゲ　★左記《さき》のように、「ほどく」「ほぐす」のイメージも合《あ》わせて考《かんが》えると、よりわかりやすくなる。

解答《かいとう》

① イ

② ①整理《せいり》 ②理解《りかい》 ③論理《ろんり》 ④理想《りそう》（郷《きょう》） ⑤理性《りせい》

③ ①見解《けんかい》 ②解散《かいさん》 ③和解《わかい》 ④解任《かいにん》 ⑤解除《かいじょ》 ⑥解放《かいほう》

解説《かいせつ》

① テーマ自体《じたい》は高校生《こうこうせい》レベルですが、知識《ちしき》・意識《いしき》・認識《にんしき》という言葉《ことば》はこのようなテーマでよく用《もち》いられるので、理解《りかい》しておきたいところです。「名前《なまえ》」とはつまり「言葉《ことば》」であり、「言葉《ことば》」とは、より広《ひろ》く言《い》えば「知識《ちしき》」です。下段《げだん》の解説《かいせつ》もご参照《さんしょう》ください。

② ④理想郷《りそうきょう》という言葉《ことば》はよく使《つか》われます。想像上《そうぞうじょう》の理想的世界《りそうてきせかい》、頭《あたま》の中《なか》で「わけて、ととのえられた」世界《せかい》です。

③ 監督解任《かんとくかいにん》、禁止令解除《きんしれいかいじょ》、人質解放《ひとじちかいほう》など、定番《ていばん》の用法《ようほう》です。「解《かい》」のイメージとともに覚《おぼ》えましょう。

ウ　存在《そんざい》とは、意識《いしき》における存在《そんざい》を意味《いみ》する。

電車《でんしゃ》に乗《の》っているとき、周囲《しゅうい》にいる人々《ひとびと》はたしかに物理《ぶつり》的《てき》に存在《そんざい》している。しかし、意識《いしき》の上《うえ》では、存在《そんざい》していないのである。名前《なまえ》も知《し》らない彼《かれ》らはただの「人《ひと》」であり、たとえば田中《たなか》さん、木村《きむら》さんといった誰《だれ》かがそこに「存在《そんざい》する」とは言《い》えない。人名《じんめい》だけではない。国名《こくめい》だろうと商《しょう》品名《ひんめい》だろうと同《おな》じだ。名前《なまえ》を知《し》らなければ、それはそこに「存在《そんざい》しない」のと同《おな》じことである。区別《くべつ》するための名前《なまえ》、つまりは言葉《ことば》があればこそ、存在《そんざい》は生《う》まれる。

ア　知識《ちしき》なしに存在《そんざい》を認識《にんしき》することはできない。

エ　知識《ちしき》があるから区別《くべつ》でき、区別《くべつ》できるから存在《そんざい》を認識《にんしき》できる。

「イ　物理的《ぶつりてき》に存在《そんざい》するからこそ、名前《なまえ》で呼《よ》ぶことができる」というのは、順序《じゅんじょ》が逆《ぎゃく》です。名前《なまえ》、言葉《ことば》によって「わける」からこそ、存在《そんざい》するようになります。そもそもそれは「物理的《ぶつりてき》に」ではなく「意識《いしき》・認識《にんしき》」の上《うえ》での存在《そんざい》ですから、イは間違《まちが》いです。

応用問題《おうようもんだい》

月　日

点《てん》
／100点《てん》

1 次《つぎ》の文章《ぶんしょう》を読《よ》み、あとの問《と》いに答《こた》えなさい。

ミスなくできて20点《てん》

　バレンタインデーに手作《てづく》りチョコをプレゼントしたことがある、という人《ひと》は、それなりにいるはずです。手作《てづく》りでないと気持《きも》ちは伝《つた》わらないと考《かんが》えて一生懸命作《いっしょうけんめいつく》った、という人《ひと》も多《おお》いかもしれません。

　さて、そう思《おも》って手渡《てわた》した手作《てづく》りチョコ。本当《ほんとう》に相手《あいて》は喜《よろこ》んでくれたのでしょうか。

　喜《よろこ》んでたよ？　と思《おも》うあなた。それは、表面的《ひょうめんてき》な印象《いんしょう》であって、内心《ないしん》ではちょっと困《こま》っていたかもしれません。なにしろ、チョコは食《た》べ物《もの》です。よほどきれいに作《つく》ったのであればまだしも、形《かたち》が崩《くず》れているようなものは、食欲《しょくよく》が薄《うす》れます。また、外見《がいけん》がよくても、食《た》べてみてやたらと苦《にが》かったりすると、これまた幻滅《げんめつ》してしまうでしょう。

　一方《いっぽう》で、街《まち》に出《で》ればバレンタイン用《よう》のかわいいチョコ、美《うつく》しいチョコ、美味《おい》しいチョコは、数《かぞ》え切《き》れないほど売《う》られています。それを買《か》って手渡《てわた》すのでは気持《きも》ちが伝《つた》わらない――本当《ほんとう》にそうでしょうか。

　大切《たいせつ》なのは、基準《きじゅん》をどこにおくかです。

　たしかに、手作《てづく》りには価値《かち》があります。それは、時間《じかん》をかけたという事実《じじつ》、そして独創性《どくそうせい》。相手《あいて》がそれを喜《よろこ》んでくれるのであれば、手作《てづく》りにすればよいでしょう。しかし、手作《てづく》りであることよりも見《み》た目《め》と味《あじ》のほうが大事《だいじ》、という人《ひと》もいます。

　要《よう》するに、手作《てづく》りかどうかを基準《きじゅん》にするのではなく、相手《あいて》が喜《よろこ》ぶかどうかを基準《きじゅん》にすればよいのです。見《み》た目《め》や味《あじ》を重視《じゅうし》するであろう相手《あいて》には、買《か》ったチョコを堂々《どうどう》とプレゼントすればよろしい。そこに手書《てが》きのメッセージでもそえれば、自分《じぶん》らしさをこめることもでき、喜《よろこ》んでもらえるでしょう。

　手作《てづく》り一辺倒《いっぺんとう》で相手《あいて》の気持《きも》ちを無視《むし》した考《かんが》え方《かた》は、自己中心的《じこちゅうしんてき》とすら言《い》えるかもしれません。「手作《てづく》りのほうが自分《じぶん》のことを好《す》きになってもらえる」。つまり、自分《じぶん》の利益《りえき》を重視《じゅうし》しているだけ――。そう言《い》われても、一概《いちがい》に否定《ひてい》できないのではないでしょうか。チョコであれなんであれ、プレゼントというのは、自分《じぶん》より相手《あいて》を中心《ちゅうしん》に考《かんが》えるべきでしょう。

考《かんが》えてみれば、市販《しはん》のチョコを選《えら》ぶにも時間《じかん》はかかりますし、チョイスするプロセスで独自性《どくじせい》を発揮《はっき》できるとも言《い》えます。

毎年手作《まいとしてづく》りチョコを贈《おく》っているみなさん。ときには市販《しはん》のチョコを手渡《てわた》してみて、相手《あいて》が喜《よろこ》ぶのはどちらなのかを考《かんが》えてみることをおすすめします。

(問《と》い)この文章《ぶんしょう》で述《の》べられている内容《ないよう》と一致《いっち》するものを、次《つぎ》のア~キからあるだけ選《えら》び、記号《きごう》にマルをつけなさい。

ア　バレンタインの主役《しゅやく》はもらうほうだから、手作《てづく》り一辺倒《いっぺんとう》はよくない。

イ　市販《しはん》のチョコは同《おな》じ物《もの》がたくさんあり、「私《わたし》らしさ」を出《だ》しにくいから、気持《きも》ちは伝《つた》わらない。

ウ　手作《てづく》りチョコをもらった人《ひと》の顔《かお》が笑《わら》っていても、見《み》えない心《こころ》の中《なか》では戸惑《とまど》っているかもしれない。

エ　買《か》ったチョコでも、選《えら》ぶ過程《かてい》で「私《わたし》らしさ」を出《だ》すことはできる。

オ　自分《じぶん》を好《す》きになってもらえるかどうかを基準《きじゅん》にして、チョコを用意《ようい》すべきだ。

カ　相手《あいて》が喜《よろこ》ばないならば、自分《じぶん》だけのオリジナルチョコを作《つく》ることが大切《たいせつ》だとは言《い》えない。

キ　チョコをもらった人《ひと》がチョコの見《み》た目《め》や味《あじ》にこだわるのは、自己中心的《じこちゅうしんてき》とすら言《い》えるかもしれない。

2　次《つぎ》の文章《ぶんしょう》を読《よ》み、あとの問《と》いに答《こた》えなさい。　20点《てん》×4

現代《げんだい》は多様性《たようせい》の時代《じだい》である、といった認識《にんしき》が、いつのまにか日本《にほん》には定着《ていちゃく》しつつあるようだ。けっこうなことである。教育《きょういく》に関《かん》しても、だんだんとフリースクールなどの存在感《そんざいかん》が増《ま》していくものと思《おも》われる。「不登校《ふとうこう》」と呼《よ》ぶとマイナスのイメージが強《つよ》いが、選択的《せんたくてき》に学校以外《がっこういがい》の場《ば》に通《かよ》う権利《けんり》が、今後《こんご》はさらに認《みと》められるようになっていくだろう。

もちろん、学習指導要領《がくしゅうしどうようりょう》によって指導内容《しどうないよう》を定《さだ》め、国民《こくみん》に対《たい》し一律《いちりつ》の教育《きょういく》を行《おこな》うことの価値《かち》は大《おお》きい。それが国力《こくりょく》を支《ささ》えているといっても過言《かごん》ではない。

しかし、集団行動《しゅうだんこうどう》の規律《きりつ》が求《もと》められる学校《がっこう》という場《ば》がどうしても向《む》かない子《こ》も、一定数存在《いっていすうそんざい》する。そういう子《こ》の中《なか》には、生《う》まれながらの才能《さいのう》をなにかしらもっているのにそれを発揮《はっき》する場《ば》が得《え》られず、もどかしい思《おも》いをしている子《こ》もいるかもしれない。あるいは、小中学生《しょうちゅうがくせい》くらいまでは引《ひ》っ込《こ》み思案《じあん》で目立《めだ》たなかったのに、高校生《こうこうせい》くらいの年齢《ねんれい》になって見違《みちが》えるように活躍《かつやく》できるようになる子《こ》もいる。大人物《だいじんぶつ》は力《ちから》を発揮《はっき》するのに時間《じかん》がかかるというわけだ。

先《さき》ほど不登校《ふとうこう》と書《か》いたが、たいていの子《こ》は、欠席《けっせき》が多《おお》くても義務教育段階《ぎむきょういくだんかい》の学校《がっこう》を卒業《そつぎょう》することができる。フリースクール等《とう》の出席日数《しゅっせきにっすう》を、校長《こうちょう》が自身《じしん》の決定《けってい》で学校《がっこう》の出席《しゅっせき》と同《おな》じように評価《ひょうか》し、卒業《そつぎょう》と認《にん》定《てい》することができるからだ。

ともあれ世《よ》の大人《おとな》たちは、多様《たよう》な子《こ》がもっているであろう、まだ知《し》られていない能力《のうりょく》を見《み》とおす目《め》をもち、彼《かれ》らを支《ささ》えてあげてほしいものだ。

問《と》い 次《つぎ》のア〜エの言葉《ことば》を使《つか》って言《い》いかえることができる箇所《かしょ》を、それぞれ一箇所《いっかしょ》ずつ本文《ほんぶん》から見《み》つけ、必要最小限《ひつようさいしょうげん》の範囲《はんい》で抜《ぬ》き出《だ》して答《こた》えなさい。

ア 裁量《さいりょう》で（　）

イ 未知《みち》の（　）

ウ 大器晩成《たいきばんせい》（　）

エ 先天的《せんてんてき》（　）

解答《かいとう》

❶ ア・ウ・エ・カ

❷ ア 自身《じしん》の決定《けってい》で（「決定《けってい》で」のみも可《か》）

イ まだ知《し》られていない

ウ 大人物《だいじんぶつ》は力《ちから》を発揮《はっき》するのに時間《じかん》がかかる

エ 生《う》まれながらの

解説《かいせつ》

どちらの問題《もんだい》も、漢字《かんじ》のイメージをもとにして言《い》いかえる仕組《しく》みになっています。

❶ 終《お》わりのほうに、「プレゼントというのは、自分《じぶん》より相手《あいて》を中心《ちゅうしん》に考《かんが》えるべき」とあります。この「中心《ちゅうしん》」が、アの「主役《しゅやく》」に言《い》いかえられています。

また、初《はじ》めのほうに、「喜《よろこ》んでたよ？ と思《おも》うあなた。それは、表面的《ひょうめんてき》な印象《いんしょう》であって、内心《ないしん》ではちょっと困《こま》っていたかもしれません」とあります。この「表面的《ひょうめんてき》」の「面《めん》」がウの「顔《かお》」と同《おな》じイメージであり、「内心《ないしん》」は「心《こころ》の中《なか》」と同《おな》じことですね。

さらに、終《お》わりのほうに、「チョイスするプロセスで独自性《どくじせい》を発揮《はっき》できる」とあります。この「独自《どくじ》性《せい》」は、エの「私《わたし》らしさ」に言《い》いかえられています。

そして、中《なか》ほどに、「そして独創性《どくそうせい》。相手《あいて》がそれを喜《よろこ》んでくれるのであれば、手作《てづく》りにすればよいでしょう」とあります。この「独創性《どくそうせい》」が、カの「自《じ》分《ぶん》だけのオリジナル」に言《い》いかえられています。

❷ アは、「校長《こうちょう》が自身《じしん》の決定《けってい》で」を、「校長《こうちょう》が裁量《さいりょう》で」または「校長《こうちょう》が自身《じしん》の裁量《さいりょう》で」とする形《かたち》です。

イは、「まだ知《し》られていない能力《のうりょく》」を、「未知《みち》の能《のう》力《りょく》」とする形《かたち》です。

ウは、「大人物《だいじんぶつ》は力《ちから》を発揮《はっき》するのに時間《じかん》がかかるというわけだ」を、「大器晩成《たいきばんせい》というわけだ」とする形《かたち》です。「小中学生《しょうちゅうがくせい》」からの具体的説明《ぐたいてきせつめい》を全部《ぜんぶ》抜《ぬ》き出《だ》すのは、「必要最小限《ひつようさいしょうげん》」とは言《い》えませんので、不可《ふか》。

エは、「生《う》まれながらの才能《さいのう》」を、「先天的才能《せんてんてきさいのう》」とする形《かたち》です。

5

「つながり」の漢字一覧《かんじいちらん》

★「わける」のあとは、「つながる」です。系・統・総・結・続・線・絶の部首《ぶしゅ》は「糸《いと》」。「糸《いと》」は、つながりのイメージをもちます。検索《けんさく》の「索《さく》」や累計《るいけい》の「累《るい》」なども含《ふく》め、ここに示《しめ》した以外《いがい》にも似《に》たイメージの漢字《かんじ》は多数《たすう》あります。調《しら》べてみましょう。

系

統

総

結

続

線

点

絶

関

132〜142ページ

「つながり」のイメージ

つながり（1）

系

6年《ねん》

「系」のイメージ
・全体的《ぜんたいてき》つながり

月　日
点《てん》
／100点《てん》

●用語《ようご》のイメージ

系図《けいず》　一族《いちぞく》の、全体的《ぜんたいてき》つながりを示《しめ》す図《ず》。

系統《けいとう》　まとまりのある全体的《ぜんたいてき》つながり。

体系《たいけい》　全体的《ぜんたいてき》つながり。システム。

太陽系《たいようけい》　太陽《たいよう》を中心《ちゅうしん》とした天体《てんたい》の全体的《ぜんたいてき》つながり。

生態系《せいたいけい》　生物《せいぶつ》の全体的《ぜんたいてき》つながり。

●その他《た》の用語《ようご》

系譜《けいふ》　**系列《けいれつ》**　**文系《ぶんけい》**　**理系《りけい》**　**日系《にっけい》**　**男系《だんけい》**　**女系《じょけい》**

---

1 次《つぎ》の文章《ぶんしょう》における「ドミノ」は何《なん》のたとえか。文章中《ぶんしょうちゅう》から六字《ろくじ》で抜《ぬ》き出《だ》し、あとのマス目《め》に書《か》きなさい。　10点《てん》

ある地域《ちいき》の森《もり》なり川《かわ》なりに、全《まった》く異《こと》なる地域《ちいき》の生《せい》物《ぶつ》を連《つ》れてきて放《はな》つことは、ドミノ倒《たお》しで生物《せいぶつ》の全《ぜん》体的《たいてき》な関係《かんけい》を崩《くず》してしまうことにつながる。ドミノのコマ一《ひと》つなら平気《へいき》だろうと思《おも》うのは危険《きけん》だ。地域《ちいき》の生態系《せいたいけい》の崩壊《ほうかい》への怖《おそ》れをもたなければならない。

2 次《つぎ》の文章《ぶんしょう》の（　）を埋《う》めるのにふさわしい言《こと》葉《ば》を考《かんが》えて埋《う》めなさい。　4点《てん》×4

ユーチューバーにはいろいろなタイプがある。なんでもありの（　　系《けい》）、知識《ちしき》を伝《でん》授《じゅ》する（　　系《けい》）、ゲームを進《すす》めながら解《かい》説《せつ》やトークを行《おこな》う（　　系《けい》）、歌唱《かしょう》や演奏《えんそう》を行《おこな》う（　　系《けい》）など、多種多様《たしゅたよう》だ。

★主《おも》な読《よ》み【系】ケイ　★その他《た》の用語《ようご》「男系《だんけい》」「女系《じょけい》」は、皇室《こうしつ》の系統《けいとう》などについて用《もち》いられる場面《ばめん》が多《おお》い言葉《ことば》。詳《くわ》しくは、インターネットなどで調《しら》べてみよう。

統

5年《ねん》

「統」のイメージ

・まとめる　・つながる　・受《う》け継《つ》ぐ

●用語《ようご》のイメージ

統一《とういつ》
一《ひと》つにまとめる。

統計《とうけい》
まとめて計算《けいさん》する。

伝統《でんとう》
昔《むかし》からつながっている。昔《むかし》から受《う》け継《つ》がれている。

正統派《せいとうは》
創始者《そうししゃ》からつながっている人々《ひとびと》。本来《ほんらい》のありかたを正《ただ》しく受《う》け継《つ》いでいる様子《ようす》。

大統領《だいとうりょう》
国《くに》をまとめる人《ひと》。共和国《きょうわこく》の元首《げんしゅ》。

●その他《た》の用語《ようご》

系統《けいとう》　統率《とうそつ》　統治《とうち》　統括《とうかつ》　血統《けっとう》

3 次《つぎ》の各文中《かくぶんちゅう》の（　）を埋《う》めるのにふさわしい言葉《ことば》をあとの□から選《えら》び、書《か》き入《い》れなさい。同《おな》じ言葉《ことば》を二度使《にどつか》うことはできません。　5点《てん》×6

① 服装《ふくそう》を（　）したほうが、チームとしての団結力《だんけつりょく》が高《たか》まると思《おも》います。

② 家系《かけい》が先祖代々《せんぞだいだい》みな医師《いし》で、（　）を受《う》け継《つ》いでいるクリニックらしいが、果《は》たしてどうなのだろうか。

③ 学級《がっきゅう》を（　）する力《ちから》のない教師《きょうし》が担任《たんにん》になると、学級崩壊《がっきゅうほうかい》してしまう。

④ アメリカの（　）が誰《だれ》になるのかによって、日本《にほん》も大《おお》きな影響《えいきょう》を受《う》ける。

⑤ 和食《わしょく》の（　）料理人《りょうりにん》と言《い》えば、あの人《ひと》しかいないだろう。

⑥（　）をとってみると、子《こ》どもの体力《たいりょく》について意外《いがい》な傾向《けいこう》が判明《はんめい》した。

統率《とうそつ》　統計《とうけい》　大統領《だいとうりょう》　統一《とういつ》　正統派《せいとうは》　伝統《でんとう》

★主《おも》な読《よ》み【統】す-べる/トウ　★その他《た》の用語《ようご》「血統《けっとう》」とは、祖先《そせん》からの血《ち》のつながり（血筋《ちすじ》）のこと。「血統書《けっとうしょ》」と言《い》えば、動物《どうぶつ》などの血筋《ちすじ》を証明《しょうめい》する書類《しょるい》。

総

5年《ねん》

「総」のイメージ

・全体《ぜんたい》をまとめる

●用語《ようご》のイメージ

総括《そうかつ》 全体《ぜんたい》をまとめる。

総合《そうごう》 全体《ぜんたい》をまとめる。 ↔ 分析《ぶんせき》 わける。

総力《そうりょく》 全体《ぜんたい》のまとまった力《ちから》。

総理《そうり》 全体《ぜんたい》をまとめて管理《かんり》する。 内閣総理大臣《ないかくそうりだいじん》。

総論《そうろん》 全体《ぜんたい》をまとめた論《ろん》。 ↔ 各論《かくろん》 個別《こべつ》にわけた論《ろん》。

●その他《た》の用語《ようご》

総裁《そうさい》　総意《そうい》　総会《そうかい》　総覧《そうらん》　総《そう》じて

---

4 次《つぎ》の各文中《かくぶんちゅう》の（　）を埋《う》めるのにふさわしい言葉《ことば》をあとの□から選《えら》び、書《か》き入《い》れなさい。同《おな》じ言葉《ことば》を二度使《にどつか》うことはできません。　4点《てん》×5

① もしこの試合《しあい》に負《ま》ければトーナメント敗退《はいたい》という背水《はいすい》の陣《じん》。チームは（　　）戦《せん》で挑《いど》んだ。

② （　　的《てき》な学習《がくしゅう》の時間《じかん》）という授業《じゅぎょう》があるが、本当《ほんとう》に価値《かち》のある授業《じゅぎょう》がどれだけ行《おこな》われているのか、疑《うたが》わしい。

③ コロナ禍《か》における日本社会《にほんしゃかい》のあり方《かた》に関《かん》するあなたの意見《いけん》は、（　　）では賛成《さんせい》ですが、各論《かくろん》では反対《はんたい》です。

④ コロナ禍《か》を（　　）すると、日本人《にほんじん》の気質《きしつ》というものが浮《う》かび上《あ》がります。

⑤ 選挙《せんきょ》というのは、有権者《ゆうけんしゃ》の（　　）である。

総力《そうりょく》　総括《そうかつ》　総合《そうごう》　総意《そうい》　総論《そうろん》

★主《おも》な読《よ》み【総】ソウ　★その他《た》の用語《ようご》「総《そう》じて」は、「まとめてみると」「おおまかにみると」「全体的《ぜんたいてき》には」などといったイメージ。例《れい》:「総《そう》じて成功《せいこう》と言《い》えるだろう」など。

結

4年《ねん》

「結」のイメージ

・つなげる　・まとめる
・しめくくる

●用語《ようご》のイメージ

直結《ちょっけつ》
直接《ちょくせつ》つながる。

結合《けつごう》
つなぎ合《あ》わせる。

結集《けっしゅう》
集《あつ》めてまとめる。

結末《けつまつ》
しめくくり。

結婚《けっこん》
二人《ふたり》がつながる。

●その他《た》の用語《ようご》

結果《けっか》　結実《けつじつ》　結局《けっきょく》　結成《けっせい》
結晶《けっしょう》　凍結《とうけつ》　団結《だんけつ》　完結《かんけつ》

5 次《つぎ》の各文中《かくぶんちゅう》の（　）を埋《う》めるのにふさわしい言葉《ことば》をあとの□から選《えら》び、書《か》き入《い》れなさい。同《おな》じ言葉《ことば》を二度使《にどつか》うことはできません。　4点《てん》×6

① ホームランが飛《と》び交《か》う試合《しあい》だったが、延長《えんちょう》に入《はい》り引《ひ》き分《わ》けという（　　）だった。

② 寝坊《ねぼう》してしまったが、（　　）的《てき》には寝不足《ねぶそく》が解消《かいしょう》されて、よかったと思《おも》う。

③ （　　）は、一回表《いっかいおもて》のサードのエラーが負《ま》けにつながってしまった形《かたち》だ。

④ ケガの選手《せんしゅ》の代《か》わりに初《はじ》めてショートの守《まも》りについた選手《せんしゅ》のエラーが、負《ま》けに（　　）してしまった。

⑤ 日々《ひび》の努力《どりょく》が（　　）して、ついにレギュラーの座《ざ》を手《て》に入《い》れた。

⑥ 最終章《さいしゅうしょう》などとうたいつつも（　　）せず延々続《えんえんつづ》いていくドラマや映画《えいが》は多《おお》い。

結実《けつじつ》　直結《ちょっけつ》　結果《けっか》　完結《かんけつ》　結末《けつまつ》　結局《けっきょく》

★主《おも》な読《よ》み【結】むす-ぶ/ゆ-う/ケツ

解答《かいとう》 ②は例《れい》

① 地域《ちいき》の生態系《せいたいけい》

② (順《じゅん》に)バラエティ(系《けい》)・教育《きょういく》(系《けい》)
ゲーム実況《じっきょう》(系《けい》)・音楽《おんがく》(系《けい》)

③ ①統一《とういつ》 ②伝統《でんとう》 ③統率《とうそつ》 ④大統領《だいとうりょう》
⑤正統派《せいとうは》 ⑥統計《とうけい》

④ ①総力《そうりょく》(戦《せん》) ②総合《そうごう》(的《てき》な学習《がくしゅう》の時間《じかん》)
③総論《そうろん》 ④総括《そうかつ》 ⑤総意《そうい》

⑤ ①結末《けつまつ》 ②結果《けっか》(的《てき》) ③結局《けっきょく》
④直結《ちょっけつ》 ⑤結実《けつじつ》 ⑥完結《かんけつ》

解説《かいせつ》

① 「ドミノ」と「ドミノのコマ一つ《ひと》」は「全体《ぜんたい》・部分《ぶぶん》」の対比関係《たいひかんけい》になっています。「ドミノ」が「全《ぜん》体的《たいてき》につながったもの」であることを意識《いしき》すれば、「系《けい》」の字《じ》に意識《いしき》が向《む》きます。そして、「生態系《せいたいけい》」を含《ふく》む六字《ろくじ》が答《こた》えになるわけです。なお、「生態系《せいたいけい》の崩壊《ほうかい》」としてしまうと、「ドミノ」が「崩壊《ほうかい》」のたとえであるということになるので、間違《まちが》いです。

② バラエティ系《けい》は「エンタメ系《けい》」、教育系《きょういくけい》は「ハウツー系《けい》」などといった表現《ひょうげん》もあるようです。「系《けい》」という語《ご》はこのように、かなり自由《じゆう》に用《もち》いられる傾《けい》向《こう》にありますが、いずれにせよ「全体的《ぜんたいてき》つながり」を意味《いみ》することには変《か》わりありません。

③ ③「学級《がっきゅう》を統率《とうそつ》する」とは、「学級《がっきゅう》をまとめて率《ひき》いる、リードする」といったイメージです。

④ ③「総論賛成《そうろんさんせい》、各論反対《かくろんはんたい》」といった表現《ひょうげん》はよく使《つか》われます。覚《おぼ》えてしまいましょう。

⑤ ②「結末的《けつまつてき》には」では不自然《ふしぜん》、「結果的《けっかてき》には」のほうが自然《しぜん》です。①には「結末《けつまつ》」も「結果《けっか》」も入《はい》りますが、②が「結果《けっか》」となるため、①は「結末《けつまつ》」となります。

なお、①、③、④は野球《やきゅう》の例《れい》、⑤もスポーツの例《れい》となっています。国語学習《こくごがくしゅう》においては、一見無関係《いっけんむかんけい》にも思《おも》えるさまざまな知識《ちしき》が意味《いみ》の理解《りかい》を助《たす》けてくれます。知識《ちしき》を得《え》ることを大切《たいせつ》にしましょう。

つながり（2）

続

4年《ねん》

「続」のイメージ

・つづく　・つづける
・つながる

月　日
点《てん》
／100点《てん》

●用語《ようご》のイメージ

連続《れんぞく》　とぎれずつながる。　↔　**断続《だんぞく》**　とぎれつつ、つながる。

継続《けいぞく》　それまでどおりつづける。

持続《じぞく》　その状態《じょうたい》がつづく。

存続《そんぞく》　存在《そんざい》がつづく。組織《そしき》などがなくならずにつづく。

続出《ぞくしゅつ》　同《おな》じようなことがつづく。

●その他《た》の用語《ようご》

続報《ぞくほう》　**続編《ぞくへん》**　**続行《ぞっこう》**　**永続《えいぞく》**　**後続《こうぞく》**

1

次《つぎ》の各文中《かくぶんちゅう》の（　）を埋《う》めるのにふさわしい言葉《ことば》をあとの□から選《えら》び、書《か》き入《い》れなさい。同《おな》じ言葉《ことば》を二度使《にどつか》うことはできません。

5点《てん》×6

① 少《すこ》し前《まえ》に通《かよ》い始《はじ》めたピアノ教室《きょうしつ》。いったんは辞《や》めようかと思《おも》ったが、やはり（　　）することにした。

② うちのサッカーチームはメンバーが減《へ》ってしまったが、ひとまず（　　）が決《き》まった。

③ ユニークなネーミングの商品《しょうひん》が売《う》れたとたん、同《おな》じような名前《なまえ》の商品《しょうひん》が（　　）した。

④ 痛《いた》みが（　　）するようならこの薬《くすり》を飲《の》みなさい、と医師《いし》に言《い》われた。

⑤ 天気予報《てんきよほう》によると、明日《あす》の午後《ごご》は積乱雲《せきらんうん》が発生《はっせい》し、（　　）的《てき》に雨《あめ》が降《ふ》るらしい。

⑥ じゃんけんで五回《ごかい》（　　）で勝《か》つ確率《かくりつ》はかなり低《ひく》い。

持続《じぞく》　継続《けいぞく》　続出《ぞくしゅつ》　存続《そんぞく》　連続《れんぞく》　断続《だんぞく》

線

2年《ねん》

「線」のイメージ

・つながり
・細長《ほそなが》くのびている

●用語《ようご》のイメージ

線的《せんてき》 つながっている。 ↔ 点的《てんてき》 切《き》れている。

有線《ゆうせん》 ワイヤ（電線《でんせん》）でつながっている。 ↔ 無線《むせん》 ワイヤレス。つながっていない。

線状《せんじょう》 細長《ほそなが》くのびている。

伏線《ふくせん》 あとの話《はなし》とのつながり。のちに起《お》こることを、前《まえ》もってほのめかすこと。

●その他《た》の用語《ようご》

脱線《だっせん》 梅雨前線《ばいうぜんせん》 路線《ろせん》 国際線《こくさいせん》

境界線《きょうかいせん》 単線《たんせん》 複線《ふくせん》 直線《ちょくせん》 曲線《きょくせん》

---

2 次《つぎ》のア～ウの□が線的《せんてき》な意味合《いみあ》いをもつと言《い》えるものを一《ひと》つ選《えら》び、記号《きごう》にマルをつけなさい。 8点《てん》

ア 俳句《はいく》は説明《せつめい》を避《さ》けようとする。たとえば、「AだからB、だからC、よってD」といった論理的《ろんりてき》なつながりをあえて省《はぶ》き、Dを描写《びょうしゃ》することによってAを推測《すいそく》させようとする。それが俳句《はいく》である。

イ 国語《こくご》の読解問題《どっかいもんだい》では、原因《げんいん》と結果《けっか》、理由《りゆう》と結論《けつろん》などのつながりが省《はぶ》かれた部分《ぶぶん》が設問《せつもん》となり、そのつながりを説明《せつめい》するよう求《もと》められる。それが読《どっ》解問題《かいもんだい》の要求《ようきゅう》というものである。

ウ デジタル時計《どけい》というのは、ある時刻《じこく》とある時刻《じこく》との間《あいだ》がつながっていない。たとえば二分五秒《にふんごびょう》のあとで二分六秒《にふんろくびょう》に変《か》わる時計《とけい》の場合《ばあい》、その一秒間《いちびょうかん》にはつながりがない。五《ご》から六《ろく》へと、突然《とつぜん》ジャンプする。それがデジタル時計《どけい》というものの本質的《ほんしつてき》な特徴《とくちょう》である。

点

2年《ねん》

「点」のイメージ

・つながりが切《き》れている
・とぎれとぎれ　・ひとつ

●用語《ようご》のイメージ

点的《てんてき》　つながりが切《き》れている。 ↔ **線的《せんてき》**　つながっている。

点滅《てんめつ》　とぎれとぎれに光《ひか》る。

点滴《てんてき》　とぎれとぎれに滴《したた》る。

句読点《くとうてん》　つながりを切《き》る。

欠点《けってん》　欠《か》けているひとつのこと。

●その他《た》の用語《ようご》

頂点《ちょうてん》　分岐点《ぶんきてん》　論点《ろんてん》　視点《してん》　観点《かんてん》

採点《さいてん》　拠点《きょてん》　地点《ちてん》　要点《ようてん》　点火《てんか》

---

3 次《つぎ》のア〜ウの□が点的《てんてき》な意味合《いみあ》いをもつと言《い》えるものを一《ひと》つ選《えら》び、記号《きごう》にマルをつけなさい。　7点《てん》

ア　冬《ふゆ》のある日《ひ》、「風邪《かぜ》を引《ひ》かないように、窓《まど》を開《あ》けなさい」と先生《せんせい》に言《い》われた。寒《さむ》いんだから閉《し》めるんじゃないの、と思《おも》ったが、ウィルスなどが部屋《へや》にこもると風邪《かぜ》をひくから、と言《い》われてようやく、とぎれた理解《りかい》がつながった。先生《せんせい》の話《はな》し方《かた》は、意《い》図的《とてき》に駅《えき》を通過《つうか》してしまう急行列車《きゅうこうれっしゃ》のようだった。

イ　とぎれとぎれに光《ひか》る三色《さんしょく》くらいのクリスマスツリーもきれいだが、私《わたし》はやっぱり、同《おな》じ光《ひかり》がとぎれずにずっとついているツリーのほうが好《す》きだ。

ウ　電子辞書《でんしじしょ》で言葉《ことば》を調《しら》べると目的《もくてき》の言葉《ことば》はすぐに見《み》つかるが、紙《かみ》の辞書《じしょ》のようなことは起《お》こらない。紙《かみ》の辞書《じしょ》では、ページをめくっている段階《だんかい》で目的《もくてき》とは異《こと》なる言葉《ことば》にも目《め》が向《む》くことも多《おお》い。言葉《ことば》と言葉《ことば》につながりがあるイメージだ。

絶

5年《ねん》

「絶」のイメージ
・つながりが切《き》れている
・終《お》わる、終《お》わらせる

●用語《ようご》のイメージ

絶対《ぜったい》 くらべるものとのつながりが切《き》れている。

↕ **相対《そうたい》** くらべるものとのつながりがある。

絶滅《ぜつめつ》 （生物種《せいぶつしゅ》の）つながりが切《き》れる、終《お》わる。

絶好《ぜっこう》 くらべるものとのつながりが切《き》れるほど、よい。
この上《うえ》なく、よい。

根絶《こんぜつ》 完全《かんぜん》に終《お》わらせる。

●その他《た》の用語《ようご》

拒絶《きょぜつ》　断絶《だんぜつ》　絶景《ぜっけい》　絶頂《ぜっちょう》　絶品《ぜっぴん》　絶妙《ぜつみょう》

絶大《ぜつだい》　壮絶《そうぜつ》　謝絶《しゃぜつ》　絶望《ぜつぼう》　絶好調《ぜっこうちょう》

---

4 次《つぎ》の各文中《かくぶんちゅう》の（　）を埋《う》めるのにふさわしい言葉《ことば》をあとの□から選《えら》び、書《か》き入《い》れなさい。同《おな》じ言葉《ことば》を二度使《にどつか》うことはできません。　5点《てん》×6

① 昨日《きのう》はエラーを二《ふた》つもして大恥《おおはじ》をかいたが、今日《きょう》は満塁《まんるい》で打席《だせき》が回《まわ》ってきた。それは、名誉挽回《めいよばんかい》のための（　　）のチャンスだった。

② （　　）の孤島《ことう》に潜《ひそ》む魔物《まもの》。

③ はるか昔《むかし》に恐竜《きょうりゅう》が滅《ほろ》びたように、人間《にんげん》にもいつかは（　　）の日《ひ》が訪《おとず》れるだろう。

④ このラーメン、（　　）うまいよ、と言《い》われたが、もっとうまいラーメンを知《し》っているので、拍子抜《ひょうしぬ》けした。

⑤ 感染症《かんせんしょう》の患者《かんじゃ》は（面会《めんかい》　　）です、と病院《びょういん》の入口《いりぐち》で言《い》われた。

⑥ 犯罪《はんざい》を（　　）するのは理想《りそう》だが、なかなか難《むずか》しい。

絶対《ぜったい》　謝絶《しゃぜつ》　絶好《ぜっこう》　絶海《ぜっかい》　根絶《こんぜつ》　絶滅《ぜつめつ》

★主《おも》な読《よ》み【絶】た-つ/た-える/ゼツ　★その他《た》の用語《ようご》「絶景《ぜっけい》」「絶品《ぜっぴん》」などの「絶《ぜつ》」は、「絶好《ぜっこう》」と同様《どうよう》、くらべるものがそれより上《うえ》にないほどすぐれている、というイメージ。

関

4年《ねん》

「関」のイメージ

・つながり　・かかわり
・とどめる

●用語《ようご》のイメージ

関係《かんけい》
かかわり。つながり。

関与《かんよ》
かかわる。つながる。

相関《そうかん》
密接《みっせつ》なかかわり合《あ》い。密接《みっせつ》なつながり。

関門《かんもん》
とどめてチェックする場所《ばしょ》。

難関《なんかん》
とどめられ、通過《つうか》するのが難《むずか》しい場所《ばしょ》。

●その他《た》の用語《ようご》

関所《せきしょ》　税関《ぜいかん》　関税《かんぜい》　関連《かんれん》　機関《きかん》　玄関《げんかん》

---

5 次《つぎ》の各文中《かくぶんちゅう》の（　）を埋《う》めるのにふさわしい言葉《ことば》をあとの□から選《えら》び、書《か》き入《い》れなさい。同《おな》じ言葉《ことば》を二度《にど》使《つか》うことはできません。　5点《てん》×5

① 事件《じけん》に（　　）した疑《うたが》いで、通訳《つうやく》の男《おとこ》が逮捕《たいほ》されたらしい。

② ゲームの第一《だいいち》（　　）は突破《とっぱ》したが、ここから強敵《きょうてき》が登場《とうじょう》するので大変《たいへん》だ。

③ （　　校《こう》）に合格《ごうかく》したからといって浮《う》かれている場合《ばあい》ではない。これからが本番《ほんばん》なのだから。

④ 読書好《どくしょず》きな子《こ》は国語《こくご》の点数《てんすう》が高《たか》い、といった話《はなし》をよく聞《き》く。たしかに（　　関係《かんけい》）はあるだろうが、因果関係《いんがかんけい》があるとまでは言《い》えない。

⑤ テレビ局《きょく》には報道《ほうどう》（　　）としての責任《せきにん》がある。だからといって、大事件《だいじけん》の際《さい》にどの局《きょく》も同《おな》じ事件《じけん》を扱《あつか》っているというのは考《かんが》えものだ。

相関《そうかん》　関与《かんよ》　難関《なんかん》　関門《かんもん》　機関《きかん》

解答《かいとう》

❶ ①継続《けいぞく》 ②存続《そんぞく》 ③続出《ぞくしゅつ》
④持続《じぞく》 ⑤断続《だんぞく》 ⑥連続《れんぞく》

❷ イ

❸ ア

❹ ①絶好《ぜっこう》 ②絶海《ぜっかい》 ③絶滅《ぜつめつ》 ④絶対《ぜったい》
⑤(面会《めんかい》)謝絶《しゃぜつ》 ⑥根絶《こんぜつ》

❺ ①関与《かんよ》 ②関門《かんもん》 ③難関《なんかん》(校《こう》)
④相関《そうかん》(関係《かんけい》) ⑤機関《きかん》

解説《かいせつ》

❶「継続《けいぞく》」と「存続《そんぞく》」で迷《まよ》うかもしれません。両《りょう》者《しゃ》は、主語《しゅご》が異《こと》なります。「継続《けいぞく》」は、誰《だれ》かが続《つづ》ける。「存続《そんぞく》」は、何《なに》かが続く。人《ひと》が何《なに》かを続《つづ》ける場合《ばあい》は「継続《けいぞく》」。組織《そしき》などが続《つづ》く場合《ばあい》は「存続《そんぞく》」です。

❷ア、俳句《はいく》は「つながり」が省略《しょうりゃく》される。イ、読《どっ》解問題《かいもんだい》は「つながり」を求《もと》める。ウ、デジタル時計《どけい》は「つながり」がない。ということで、「つながり」があるのはイとなります。「線的《せんてき》である」というのは「つながりがある」ということですから、答《こた》えはイです。

❸ア、先生《せんせい》の話《はな》し方《かた》は(急行列車《きゅうこうれっしゃ》のように)つながりが省《はぶ》かれる。イ、ずっとついているツリーは、光《ひかり》がつながっている。ウ、紙《かみ》の辞書《じしょ》は、言葉《ことば》がつながっている。ということで、「つながりが切《き》れている」のはアとなります。「点的《てんてき》である」というのは「つながりが切《き》れている」ということですから、答《こた》えはアです。

❹「絶好《ぜっこう》のチャンス」「絶海《ぜっかい》の孤島《ことう》」「面会謝絶《めんかいしゃぜつ》」などは、お決《き》まりの表現《ひょうげん》パターンです。そのまま覚《おぼ》えてしまいましょう。そのうえで、どれも「つながりが切《き》れている」という「絶《ぜつ》」のイメージをもつことを意識《いしき》するようにします。

❺「事件《じけん》に関与《かんよ》する」「第一関門《だいいちかんもん》」「難関校《なんかんこう》」「相関《そうかん》関係《かんけい》」「報道機関《ほうどうきかん》」。いずれもよく使《つか》われるお決《き》まりの表現《ひょうげん》パターンです。覚《おぼ》えておきましょう。

Part3

まとめの問題《もんだい》

ここまで、
よくがんばってきましたね。
いよいよ、最後《さいご》のパートです。
ここではまず、
小学校学習漢字《しょうがっこうがくしゅうかんじ》ではないけれども、読解《どっかい》で
頻繁《ひんぱん》に登場《とうじょう》する五《いつ》つの漢字《かんじ》を、学《まな》びます。
そのあとで、
これまでに学《まな》んだイメージを活用《かつよう》する
まとめの問題《もんだい》を解《と》きます。
さあ、あとわずか。
最後《さいご》まで駆《か》け抜《ぬ》けましょう。

知《し》っておきたい漢字《かんじ》
（小学校学習漢字以外《しょうがっこうがくしゅうかんじいがい》）

月　日
点《てん》
／100点《てん》

普

「普」のイメージ
・広《ひろ》く行《い》き渡《わた》る
・すみずみまで行《い》き渡《わた》る

●用語《ようご》のイメージ

普通《ふつう》 ↔ 特別《とくべつ》（特殊《とくしゅ》）
ほかと同《おな》じ。 ／ ほかと異《こと》なる。
広《ひろ》く行《い》き渡《わた》っている。 ／ 行《い》き渡《わた》っていない。

普遍《ふへん》 ↔ 特殊《とくしゅ》（特別《とくべつ》）
すみずみまで行《い》き渡《わた》る。 ／ 行《い》き渡《わた》らない。
すべての例《れい》に当《あ》てはまる。

普及《ふきゅう》
広《ひろ》く行《い》き渡《わた》らせる。

為

「為」のイメージ
・人《ひと》が何《なに》かをする
・手《て》を加《くわ》える

●用語《ようご》のイメージ

行為《こうい》
人《ひと》が何《なに》かをする。

人為《じんい》 ↔ 自然《しぜん》
人《ひと》の手《て》が加《くわ》わる。 ／ 人《ひと》の手《て》が加《くわ》わらない。

作為《さくい》
わざと何《なに》かをする。人《ひと》が意図的《いとてき》にする。

偽

「偽」のイメージ
・にせ　・うそ
・いつわり　・見《み》せかけ

●用語《ようご》のイメージ

★主《おも》な読《よ》み【普】あまねーく/フ　【為】ため/なーす/イ　【偽】いつわーり/にせ/ギ

虚《きょ》偽《ぎ》 うそ。見《み》せかけ。 ↔ 真実《しんじつ》 ほんとう。ほんもの。

偽《ぎ》装《そう》 ほんものに見《み》せかける。ほんもののふりをする。

偽《ぎ》善《ぜん》 見《み》せかけの善《ぜん》。にせの善《ぜん》。

抽

「抽」のイメージ

・引《ひ》き出《だ》す　・抜《ぬ》き出《だ》す

・取《と》り出《だ》す

●用語《ようご》のイメージ

抽《ちゅう》出《しゅつ》 取《と》り出《だ》す。抜《ぬ》き出《だ》す。

抽《ちゅう》選《せん》 選《えら》んで引《ひ》き出《だ》す。くじ引《び》き。

抽《ちゅう》象《しょう》 特徴《とくちょう》を引《ひ》き出《だ》す。 ↔ 具体《ぐたい》 特徴《とくちょう》を与《あた》える。

違

「違」のイメージ

・ちがう・ことなる

・一致《いっち》しない・外《はず》れている

●用語《ようご》のイメージ

違《い》反《はん》 ルールを外《はず》れている。ルールと一致《いっち》しない。

違《い》和《わ》感《かん》 一致《いっち》しない感《かん》じ。何《なに》かちがう感《かん》じ。

相《そう》違《い》点《てん》 ことなる点《てん》。 ↔ 共通点《きょうつうてん》 同《おな》じ点《てん》。

違《い》法《ほう》 法《ほう》を外《はず》れている。法《ほう》と一致《いっち》しない。

違《い》約《やく》 約束《やくそく》を外《はず》れている。約束《やくそく》と一致《いっち》しない。

違《い》憲《けん》 憲法《けんぽう》を外《はず》れている。憲法《けんぽう》と一致《いっち》しない。

★主《おも》な読《よ》み【抽】ひ-く/チュウ　【違】ちが-う/たが-える/イ

1 次《つぎ》の各文《かくぶん》をまとめます。（　）を埋《う》めるのにふさわしい言葉《ことば》をあとの□から選《えら》び、書《か》きなさい。同《おな》じ言葉《ことば》を二度使《にどつか》うことはできません。

全問《ぜんもん》できて＋1点《てん》

6点《てん》×6

① 政治《せいじ》、スポーツ、教育《きょういく》。これらは、人々《ひとびと》の間《あいだ》に広《ひろ》く行《い》き渡《わた》っているテーマであり、誰《だれ》もが一家言《いっかげん》もっていそうだが、だからこそ、質《しつ》の低《ひく》い議論《ぎろん》もよく行《おこな》われている。

→（　　　　的《てき》）なテーマには質《しつ》の低《ひく》い議《ぎ》論《ろん》もよく見《み》られる、という話《はなし》。

② 比較的《ひかくてき》マイナーなスポーツも、オリンピックで採用《さいよう》されるなどすれば、広《ひろ》く世《よ》の中《なか》に行《い》き渡《わた》らせることができるのだが。

→マイナーなスポーツの（　　　　）に関《かん》する話《はなし》。

③ 都会《とかい》の街中《まちなか》に広《ひろ》がる緑地《りょくち》などを歩《ある》くと、自然《しぜん》が豊《ゆた》かでいいね、などと言《い》いたくもなるが、実《じつ》はそれは人間《にんげん》の手《て》によってつくられた「自然《しぜん》」なのである。

→都会《とかい》の緑地《りょくち》などの「自然《しぜん》」は実《じつ》は自然《しぜん》ではなく、（　　　　）である、という話《はなし》。

④ 地震《じしん》の被災地《ひさいち》に高額《こうがく》な義援金《ぎえんきん》を送《おく》る芸能人《げいのうじん》などは、見《み》せかけの善行《ぜんこう》だ、売名《ばいめい》だ、などと言《い》われがちであるが、たとえそうだったとしても、その義《ぎ》援金《えんきん》の価値《かち》の大《おお》きさは変《か》わらないだろう。

→（　　　　）であると思《おも》われそうな行為《こうい》にも価値《かち》はある、という話《はなし》。

⑤ 容疑者《ようぎしゃ》は、書類《しょるい》の日付《ひづけ》を書《か》き換《か》えて、犯罪《はんざい》の証《しょう》拠《こ》にならないように見《み》せかけたらしい。

→容疑者《ようぎしゃ》は（　　　　工作《こうさく》）したらしい、という話《はなし》。

⑥ コップ、皿《さら》、どんぶり。これらに共通《きょうつう》する特徴《とくちょう》を引《ひ》き出《だ》すと、「容器《ようき》」となる。

→コップ、皿《さら》、どんぶりを（　　　　化《か》）すると「容器《ようき》」になるという話《はなし》。

偽装《ぎそう》　人為《じんい》　普及《ふきゅう》　偽善《ぎぜん》　抽象《ちゅうしょう》　普遍《ふへん》

2 次《つぎ》の各文中《かくぶんちゅう》の（　　）を埋《う》めるのにふさわしい言葉《ことば》をあとの□から選《えら》び、書《か》きなさい。同《おな》じ言葉《ことば》を二度使《にどつか》うことはできません。

7点《てん》×9

① サイコロ、ルーレット、くじ引《び》きなどというのは、（無《む》　　）に結果《けっか》を出《だ》すことができる、公平《こうへい》な手段《しゅだん》である。

② 「そんなの（　　）の考《かんが》え方《かた》でしょ」と言《い》うと、「人《ひと》によって判断《はんだん》は違《ちが》うよ」などと言《い》い返《かえ》されることがある。しかしやはり、平均的《へいきんてき》な考《かんが》え方《かた》というものは存在《そんざい》するはずである。

③ 自分《じぶん》を守《まも》るため、上司《じょうし》に（　　）の報告《ほうこく》をしたが、その後《ご》ことが大《おお》きくなり、会社全体《かいしゃぜんたい》のイメージダウンにつながった。やはり真実《しんじつ》を伝《つた》えるべきだったのだ。

④ 最初《さいしょ》に会《あ》ったときの（　　感《かん》）を無視《むし》するか、それとも重視《じゅうし》するか。どちらが正《ただ》しいとも言《い》えない。人間関係《にんげんかんけい》というのは難《むずか》しい。

⑤ 選挙《せんきょ》の際《さい》にどれほど強《つよ》い改革《かいかく》の意志《いし》を語《かた》っても、実際《じっさい》にそれを（　　）として形《かたち》にしなければ全《まった》く意味《いみ》がない、と専門家《せんもんか》が語《かた》っていた。でも、政治《せいじ》とはそんなに簡単《かんたん》なことではない。

⑥ 私《わたし》たちが日常《にちじょう》の中《なか》でなにげなく行《おこな》っていることが実《じつ》は（　　）であるというケースも少《すく》なくない。気《き》をつけよう。

⑦ 任意《にんい》の時期《じき》に塾《じゅく》をやめることができますが、一《いっ》ケ月前《げつまえ》の告知《こくち》がないと（　　金《きん》）が発生《はっせい》します、と言《い》われた。

⑧ たとえば選挙制度《せんきょせいど》、自衛隊《じえいたい》、あるいは性《せい》の多様性《たようせい》などの社会的問題《しゃかいてきもんだい》について、根本《こんぽん》に立《た》ち返《かえ》り、「合法《ごうほう》か、あるいは（　　）か」という視点《してん》で考《かんが》えるのは、悪《わる》いことではない。

⑨ 「（　　）で一名様《いちめいさま》にプレゼント」というのは、あまりに倍率《ばいりつ》が高《たか》いと思《おも》った。

違和《いわ》　虚偽《きょぎ》　違憲《いけん》　普通《ふつう》　抽選《ちゅうせん》
違法《いほう》　作為《さくい》　行為《こうい》　違約《いやく》

解答《かいとう》

1 ①普遍《ふへん》（的《てき》）　②普及《ふきゅう》　③人為《じんい》
④偽善《ぎぜん》　⑤偽装《ぎそう》（工作《こうさく》）　⑥抽象《ちゅうしょう》（化《か》）

2 ①（無《む》）作為《さくい》　②普通《ふつう》　③虚偽《きょぎ》
④違和《いわ》（感《かん》）　⑤行為《こうい》　⑥違法《いほう》
⑦違約《いやく》（金《きん》）　⑧違憲《いけん》　⑨抽選《ちゅうせん》

解説《かいせつ》

1 ①「人々《ひとびと》の間《あいだ》に広《ひろ》く行《い》き渡《わた》っているテーマ」という部分《ぶぶん》を、「普遍的《ふへんてき》なテーマ」と言《い》いかえます。

②「広《ひろ》く世《よ》の中《なか》に行《い》き渡《わた》らせる」という部分《ぶぶん》を、「普及《ふきゅう》」に言《い》いかえます。

③「自然《しぜん》↑↓人為《じんい》」については、12ページも参照《さんしょう》してください。

④文中《ぶんちゅう》の「売名《ばいめい》」とは、自《みずか》らの名前《なまえ》を世《よ》に広《ひろ》める行為《こう》を批判《ひはん》する際《さい》の表現《ひょうげん》です。

⑤「偽装工作《ぎそうこうさく》」という表現《ひょうげん》はよく用《もち》いられます。

⑥「具体化《ぐたいか》・抽象化《ちゅうしょうか》」については、65・69ページも参照《さんしょう》してください。

2 ①「作為《さくい》」がないことを、「無作為《むさくい》」と言《い》います。この場合《ばあい》、「ランダム」という意味合《いみあ》いで「無作為《むさくい》」が使《つか》われています。意図的《いとてき》に結果《けっか》を操作《そうさ》できない形《かたち》です。

②後半《こうはん》に「平均的《へいきんてき》な考《かんが》え方《かた》」という表現《ひょうげん》があるため、「普通《ふつう》の考《かんが》え方《かた》」となります。

③後半《こうはん》に「やはり真実《しんじつ》を伝《つた》えるべきだった」とあるため、「虚偽《きょぎ》の報告《ほうこく》をした」となります。

④「偽善《ぎぜん》だ」という指摘《してき》は、指摘《してき》するほうにこそひねくれた見方《みかた》が潜《ひそ》んでいたりもします。いずれにせよ真《しん》か偽《ぎ》かの判断《はんだん》は、本来《ほんらい》、なかなか難《むずか》しいことですね。

⑤「意志《いし》」は無形《むけい》だが、「行為《こうい》」は有形《ゆうけい》。こうした対比《たいひ》に気《き》づければ、答《こた》えはすぐ見《み》つかるでしょう。

⑥「日常《にちじょう》」とあることからも、「違憲《いけん》」を入《い》れるのは不自然《ふしぜん》です。「違憲《いけん》」は⑧に入《はい》るため、ここでは使《つか》えません。

まとめの問題《もんだい》

月　日

点《てん》

／100点《てん》

1 次《つぎ》の文章《ぶんしょう》を読《よ》み、あとの問《と》いに答《こた》えなさい。　15点《てん》

お母《かあ》さんがわが子《こ》に対《たい》し、こんなふうに言《い》っている場面《ばめん》をよく目《め》にします。

「ほら。ものをもらったら、なんて言《い》うの?」

それを聞《き》いた子《こ》が、照《て》れながら言《い》います。

「……ありがとう」

なぜ親《おや》は、感謝《かんしゃ》の気持《きも》ちを言葉《ことば》にさせようとするのでしょうか。

それは、言葉《ことば》にしたとき初《はじ》めて、気持《きも》ちというぼんやりしたものが、形《かたち》をもつようになるからです。

感謝《かんしゃ》、お詫《わ》び、愛情《あいじょう》……どんな心情《しんじょう》であっても、それを言葉《ことば》にすることでこそ、心情《しんじょう》が輪郭《りんかく》をもち、相手《あいて》に届《とど》くようになるのです。

(問《と》い)　この文章《ぶんしょう》の主張《しゅちょう》をまとめなさい。「体」及《およ》び「実」という漢字《かんじ》を必《かなら》ず使《つか》うこと。

2 次《つぎ》の文章中《ぶんしょうちゅう》の(　)を埋《う》めるのにふさわしい言葉《ことば》をあとの□から選《えら》び、書《か》き入《い》れなさい。同《おな》じ言葉《ことば》を二度使《にどつか》うことはできません。　8点《てん》×2

たとえば「Z世代《せだい》」などという名前《なまえ》をつけて「最《さい》近《きん》の(　　)」を作《つく》り上《あ》げるのは、メディアの得意技《とくいわざ》である。当《とう》の若者《わかもの》たちは、そういうものはあくまでも「作《つく》られたイメージ」「ありがちなパターン」にすぎず、(　　)はさまざまであるということを、よく知《し》っているものだ。

想像《そうぞう》　実像《じつぞう》　残像《ざんぞう》　若者像《わかものぞう》

3 次《つぎ》の文章《ぶんしょう》を読《よ》み、あとの問《と》いに答《こた》えなさい。

13点《てん》

実際《じっさい》には風《かぜ》は吹《ふ》いておらず、隣《となり》の部屋《へや》で風鈴《ふうりん》をあおいだだけであっても、その音《おと》を耳《みみ》にすると風《かぜ》の存《そん》在《ざい》が感《かん》じられ、涼《すず》しさを覚《おぼ》えるようなことがある。これは、音《おと》によって（　Ａ　）が変化《へんか》したからこそ生《しょう》じる現象《げんしょう》だ。

また、この薬《くすり》は効《き》くよと言《い》われて飲《の》むと、実際《じっさい》に痛《いた》みが引《ひ》いたりもする。その薬《くすり》が実《じつ》はただのタブレットタイプの菓子《かし》だったとしても、である。いわゆる偽薬効果《ぎやくこうか》（プラシーボ効果《こうか》）と呼《よ》ばれるものだ。これも、（　Ａ　）の変化《へんか》がもとになっていると言《い》える。

（　Ｂ　）しない風《かぜ》を認識《にんしき》する。

（　Ｂ　）しない効《き》き目《め》を認識《にんしき》する。

つまり、「（　Ｂ　）」と「非《ひ》（　Ｂ　）」を区別《くべつ》する（　Ａ　）が変化《へんか》したわけだ。

（問《と》い）ＡとＢに入《はい》る言葉《ことば》の組《く》み合《あ》わせとしてふさわしいものを一《ひと》つ選《えら》び、記号《きごう》にマルをつけなさい。

ア　Ａ　客観《きゃっかん》　Ｂ　存在《そんざい》
イ　Ａ　意識《いしき》　Ｂ　想像《そうぞう》
ウ　Ａ　意識《いしき》　Ｂ　存在《そんざい》
エ　Ａ　客観《きゃっかん》　Ｂ　想像《そうぞう》

4 次《つぎ》の文章《ぶんしょう》を読《よ》み、あとの問《と》いに答《こた》えなさい。

8点《てん》×7

日本人《にほんじん》は気遣《きづか》いの国民性《こくみんせい》をもっています。それはもちろん、素晴《すば》らしいことです。

ただ、過剰《かじょう》な気遣《きづか》いではないかと思《おも》われる場面《ばめん》に遭遇《そうぐう》することも多々《たた》あります。

たとえば、エレベーターに五人《ごにん》で乗《の》っていたとします。操作盤《そうさばん》（ボタンが並《なら》んだ部分《ぶぶん》）の前《まえ》に立《た》っている人《ひと》は、一番早《いちばんはや》く降《お》りようと思《おも》えば降《お》りられる位《い》置《ち》にいます。でも、降《お》りない。自分以外《じぶんいがい》の四人《よにん》が降《お》りるまで、エレベーター係員《かかりいん》よろしく「開《かい》」ボタンを押《お》し続《つづ》け、四人《よにん》が降《お》りたあとで最後《さいご》に降《お》りる。それが当然《とうぜん》の気遣《きづか》いであると思《おも》っているわけです。しかしそのせいで、他《た》の四人《よにん》はいちいちその人《ひと》に会釈《えしゃく》をしたり頭《あたま》を下《さ》げたり、「すみません」と言《い》ったりしながら降《お》りることになってしまいます。気遣《きづか》いが、次《つぎ》の気遣《きづか》いを呼《よ》んでしまうわけです。

そんな気遣《きづか》いの連鎖《れんさ》があたたかいのだと思《おも》うなら、まあ自由《じゆう》にすればいいだろうとも思《おも》います。

しかし、今《いま》どきのエレベーターはセンサーが反応《はんのう》し、人《ひと》が出入《でい》りしているときに勝手《かって》に閉《し》まったりしません。少《すこ》し古《ふる》いエレベーターでも、扉《とびら》に物《もの》が触《ふ》れればすぐに開《ひら》きますし、出《で》る際《さい》に閉《し》まりそうになったら自分《じぶん》で「開《かい》」ボタンを押《お》せばいいだけのことです。

日本人《にほんじん》に見《み》られる気遣《きづか》いというのは、純粋《じゅんすい》に他人《たにん》の利益《りえき》を考《かんが》えた気遣《きづか》いなのかどうか、疑《うたが》わしいことがあります。

もし、操作盤《そうさばん》の前《まえ》で係員《かかりいん》を演《えん》じることなく最初《さいしょ》に出《で》てしまうと、「なんだこの人《ひと》。われ先《さき》に出《で》ていく、配慮《はいりょ》のない人《ひと》だ」という視線《しせん》を背後《はいご》から浴《あ》びるかもしれない。それは避《さ》けたい。

そんな自己防衛《じこぼうえい》のような本能的心情《ほんのうてきしんじょう》が、深層《しんそう》にあるのではないでしょうか。それは、避《さ》けようのない反応《はんのう》のようなものです。

先《さき》に述《の》べた「会釈《えしゃく》」などにしても、本来《ほんらい》は必要《ひつよう》のないことです。四人《よにん》がその人《ひと》に係員風《かかりいんふう》の振《ふ》る舞《ま》いを頼《たの》んだわけではなく、その人自《ひとみずか》らやっているだけですから。閉《と》じそうになったら「開《かい》」ボタンを押《お》すくらい誰《だれ》にでもできます。子《こ》どもでもできます。そんな気遣《きづか》いを求《もと》めている人《ひと》は、実《じつ》はほとんどいません。そして、それをしなかったからといって責《せ》める視線《しせん》を背後《はいご》から浴《あ》びせることも、ないのです。

自分《じぶん》の内面《ないめん》で完結《かんけつ》した「恐《おそ》れとその回避《かいひ》の連鎖《れんさ》」が、こうした場面《ばめん》における日本人《にほんじん》の気遣《きづか》いの正体《しょうたい》なのではないかと思《おも》います。

ちなみに、もっと「洗練《せんれん》された」気遣《きづか》いでは、他《た》のフロアで待《ま》っている人《ひと》に対《たい》する気遣《きづか》いもあります。自分《じぶん》が降《お》りる際《さい》、腕《うで》だけ残《のこ》して「閉《へい》」ボタンを押《お》し続《つづ》け、その間《あいだ》に体《からだ》は外《そと》に出《で》て、出《で》た瞬間《しゅんかん》に腕《うで》を身《み》に寄《よ》せる。少《すこ》しでも早《はや》く他《た》のフロアに着《つ》くように、という配慮《はいりょ》のようです。誰《だれ》も見《み》ていないのにそんなことをする人《ひと》もいます。しかし、センサーがある場合《ばあい》これは逆効果《ぎゃくこうか》。腕《うで》が残《のこ》っている間《あいだ》は閉《し》まらないため、さっと出《で》るのにくらべれば、むしろ閉《し》まるのが遅《おそ》くなります。

実質的価値《じっしつてきかち》すらないそんな行為《こうい》は、そろそろやめてみてはいかがでしょうか。

（問《と》い）次《つぎ》のア〜キのうち、この文章《ぶんしょう》の内容《ないよう》と一致《いっち》するものにマル、一致《いっち》しないものにバツをつけなさい。

ア　エレベーターを降《お》りる際《さい》に真《ま》っ先《さき》に降《お》りると、乗《の》っている他《た》の人《ひと》が白《しろ》い目《め》で見《み》てくるのではないか、という恐怖心《きょうふしん》のようなものが日本人《にほんじん》には生《う》まれてしまう。

イ　日本人《にほんじん》は、生《う》まれながらにしてもっている反応《はんのう》で気遣《きづか》いをしているにすぎない。

ウ　エレベーターにおける係員《かかりいん》のような振《ふ》る舞《ま》いは、その人《ひと》が受動的《じゅどうてき》にやっていることであり、本当《ほんとう》は望《のぞ》んでいない行為《こうい》である。

エ　日本人《にほんじん》は、他人《たにん》のためになるようにという一心《いっしん》で、気《き》を遣《つか》うことができる。

オ　日本人《にほんじん》の気遣《きづか》いは利己的《りこてき》である。

カ　日本人《にほんじん》の気遣《きづか》いは、目《め》に見《み》えないところで完結《かんけつ》しており、外《そと》に向《む》かっていない。

キ　降《お》りるときに「閉《へい》」ボタンをギリギリまで押《お》してから降《お》りる行為《こうい》は、具体的《ぐたいてき》な価値《かち》がある。

ア（　）イ（　）ウ（　）エ（　）

オ（　）カ（　）キ（　）

解答《かいとう》 ❶は例《れい》（❸❹は次《じ》ページ）

❶ 心情《しんじょう》というものは、言葉《ことば》にすることで初《はじ》めて実《じつ》体《たい》をもつようになる。

❷（順《じゅん》に）若者像《わかものぞう》・実像《じつぞう》

解説《かいせつ》

❶ 本文《ほんぶん》の最後《さいご》の二《ふた》つの段落《だんらく》は、ほぼ同《おな》じことを言《い》っています。

「言葉《ことば》にしたとき初《はじ》めて、気持《きも》ちというぼんやりしたものが、形《かたち》をもつようになる」

「どんな心情《しんじょう》であっても、それを言葉《ことば》にすることでこそ、心情《しんじょう》が輪郭《りんかく》をもち、相手《あいて》に届《とど》くようになる」

「心情《しんじょう》は」、「言葉《ことば》にすることで」、「実体《じったい》をもつ」。この三《みっ》つのパーツが不可欠《ふかけつ》です。「実体《じったい》」は、「形《かたち》」「輪郭《りんかく》」を言《い》いかえた表現《ひょうげん》です（63ページ参照《さんしょう》）。

❷「最近《さいきん》の若者像《わかものぞう》」は「虚像《きょぞう》」であり、実際《じっさい》には多《た》様性《ようせい》に富《と》んだ個々《ここ》の「実像《じつぞう》」があるはずだ、という主旨《しゅし》の文章《ぶんしょう》です（71ページ参照《さんしょう》）。

コラム

「習《なら》っていない字《じ》」という発想《はっそう》を捨《す》てよう

突然《とつぜん》ですが、これ、どう読《よ》みますか？

「白い」「おか子」「ぼう子」

どうみても、「しろい」「おかこ」「ぼうこ」ですよね。

でも実《じつ》は、それぞれ「白衣《はくい》」「お菓子《かし》」「帽子《ぼうし》」という言《こと》葉《ば》だった——なんてことが、多々《たた》あります。

「衣」は四年《よねん》で習《なら》うから三年《さんねん》までの教室《きょうしつ》では使《つか》えない。「菓」も「帽」も小学校《しょうがっこう》で習《なら》わない。だからと言《い》ってひらがなにするといかに不便《ふべん》か、すぐ気《き》がついたでしょう。さて、もう一《ひと》つ。

「穴《あな》」と「空《そら》」、「義《ぎ》」と「議《ぎ》」、それぞれ、どちらを先《さき》に習《なら》うか知《し》っていますか？

穴《あな》が六年《ろくねん》、空《そら》は一年《いちねん》。義《ぎ》は五年《ごねん》、議《ぎ》は四年《よねん》。つまり、筆《ひっ》画《かく》の複雑《ふくざつ》なほうが先《さき》になっているのです。

文部科学省《もんぶかがくしょう》が定《さだ》める学習指導要領《がくしゅうしどうようりょう》に「学年別漢字配当《がくねんべつかんじはいとう》表《ひょう》」というものがあり、これが配当学年《はいとうがくねん》の基準《きじゅん》になっているわけですが、まあせいぜいこの程度《ていど》のものです。根拠《こんきょ》というほどの根拠《こんきょ》はありません。

ですから、「習《なら》った漢字《かんじ》、習《なら》っていない漢字《かんじ》」という発《はっ》想《そう》を捨《す》てましょう。本《ほん》などを読《よ》んでいて目《め》にした漢字《かんじ》は、どんどん覚《おぼ》える。この姿勢《しせい》でいれば、知識《ちしき》が増《ふ》え、読解力《どっかいりょく》が向上《こうじょう》するのです。

※この本《ほん》では「学年別《がくねんべつ》」のパートを入《い》れていますが、手《て》にしたみなさんが少《すこ》しでも親近感《しんきんかん》をもてるようにという配慮《はいりょ》にすぎません。

解答《かいとう》

③ ウ

④ ア○　イ○　ウ×　エ×　オ○　カ○　キ×

解説《かいせつ》

③「意識《いしき》」の「識《しき》」は、「区別《くべつ》する」というイメージでしたね（123ページ参照《さんしょう》）。また、文章終盤《ぶんしょうしゅうばん》に「認識《にんしき》」という言葉《ことば》が出《で》てきていることにも注目《ちゅうもく》します。これも「区別《くべつ》」のイメージです。つまり、この文章《ぶんしょう》は、区別《くべつ》の境界線《きょうかいせん》が変化《へんか》したという話《はなし》なのです。

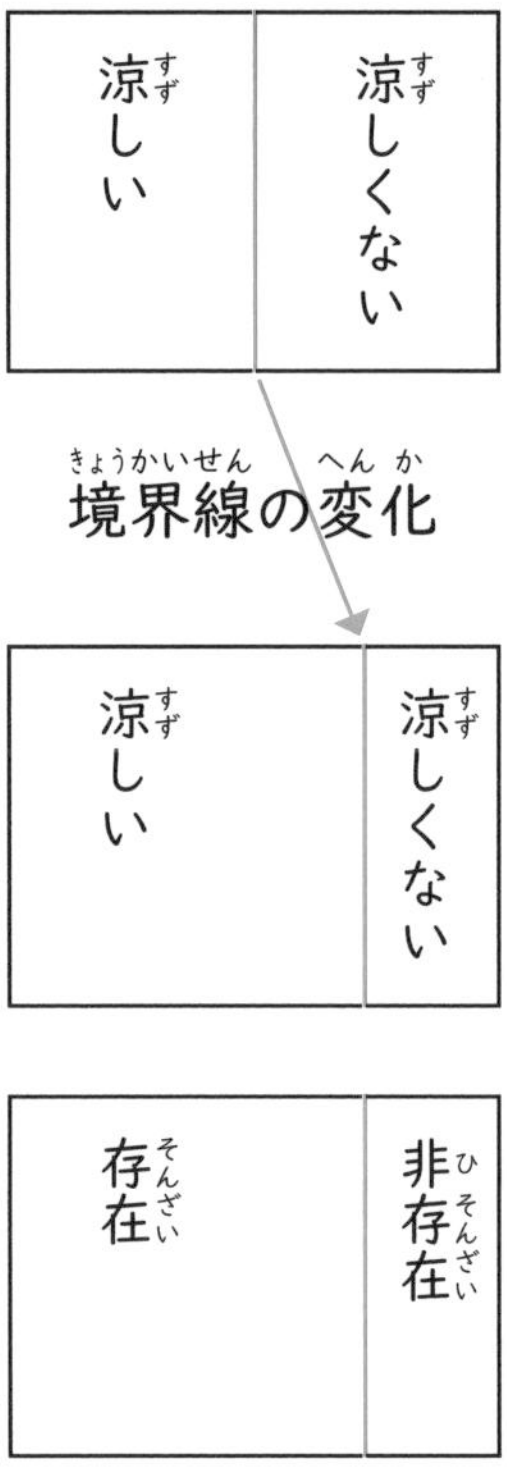

「涼《すず》しさの有無《うむ》」の区別《くべつ》、「効《き》き目《め》の有無《うむ》」の区別《くべつ》の境界線《きょうかいせん》が動《うご》いた。つまり、「存在《そんざい》と非存在《ひそんざい》を区別《くべつ》する意識《いしき》が変化《へんか》した」というわけです。

④ まず○について。ア「（白《しろ》い）目《め》で見《み》てくる」は、「視線《しせん》を…浴《あ》びる」（151ページ下段前半《げだんぜんはん》）の言《い》いかえ。「線《せん》」を実際《じっさい》にイメージします（53、138ページ参照《さんしょう》）。／イ「生《う》まれながらにしてもっている反応《はんのう》」は、「本能的《ほんのうてき》」及《およ》び「反応《はんのう》」（151ページ下段前半《げだんぜんはん》）の言《い》いかえ（「本能《ほんのう》」のイメージは44ページ参照《さんしょう》）。／オ「利己的《りこてき》」は、日本人《にほんじん》の気遣《きづか》いが「他人《たにん》の利益《りえき》」（151ページ上段《じょうだん》の最後《さいご》）のためかどうか疑《うたが》わしい、という主張《しゅちょう》が根拠《こんきょ》。他人《たにん》を利《り》するのではなく、自己《じこ》を利《り》する。それが「利己《りこ》」です（36ページ参照《さんしょう》）。／カ「目《め》に見《み》えないところ」は「内面《ないめん》」（151ページ下段終盤《げだんしゅうばん》）が根拠《こんきょ》。この「内《うち》」のイメージは自動的《じどうてき》に「外《そと》」の否定《ひてい》になるので、「外《そと》に向《む》かっていない」と言《い》えます。

次《つぎ》に×について。ウ「受動的《じゅどうてき》」は「自《みずか》らやっている」（151ページ下段中《げだんなか》ほど）に反《はん》します（「受動《じゅどう》」のイメージは29ページ参照《さんしょう》）。／エはオの逆《ぎゃく》。／キ「具体的《ぐたいてき》な価値《かち》」は、「実質的価値《じっしつてきかち》」（本文《ほんもん》の最後《さいご》）と同《おな》じイメージ。「実《じつ》」も「体《たい》」も「形《かたち》ある」イメージ（63・65ページ参照《さんしょう》）。

登場《とうじょう》した熟語《じゅくご》等《とう》一覧《いちらん》（索引《さくいん》）

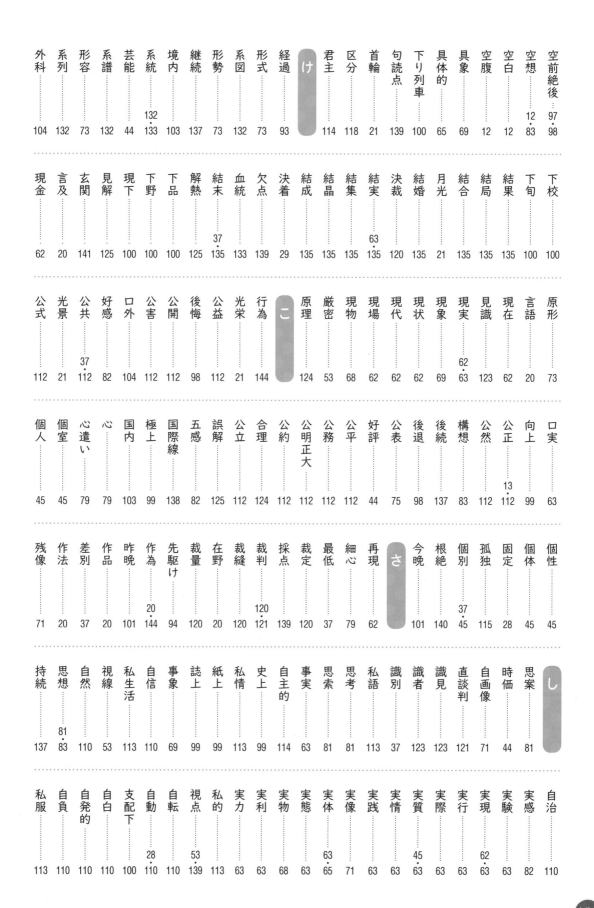

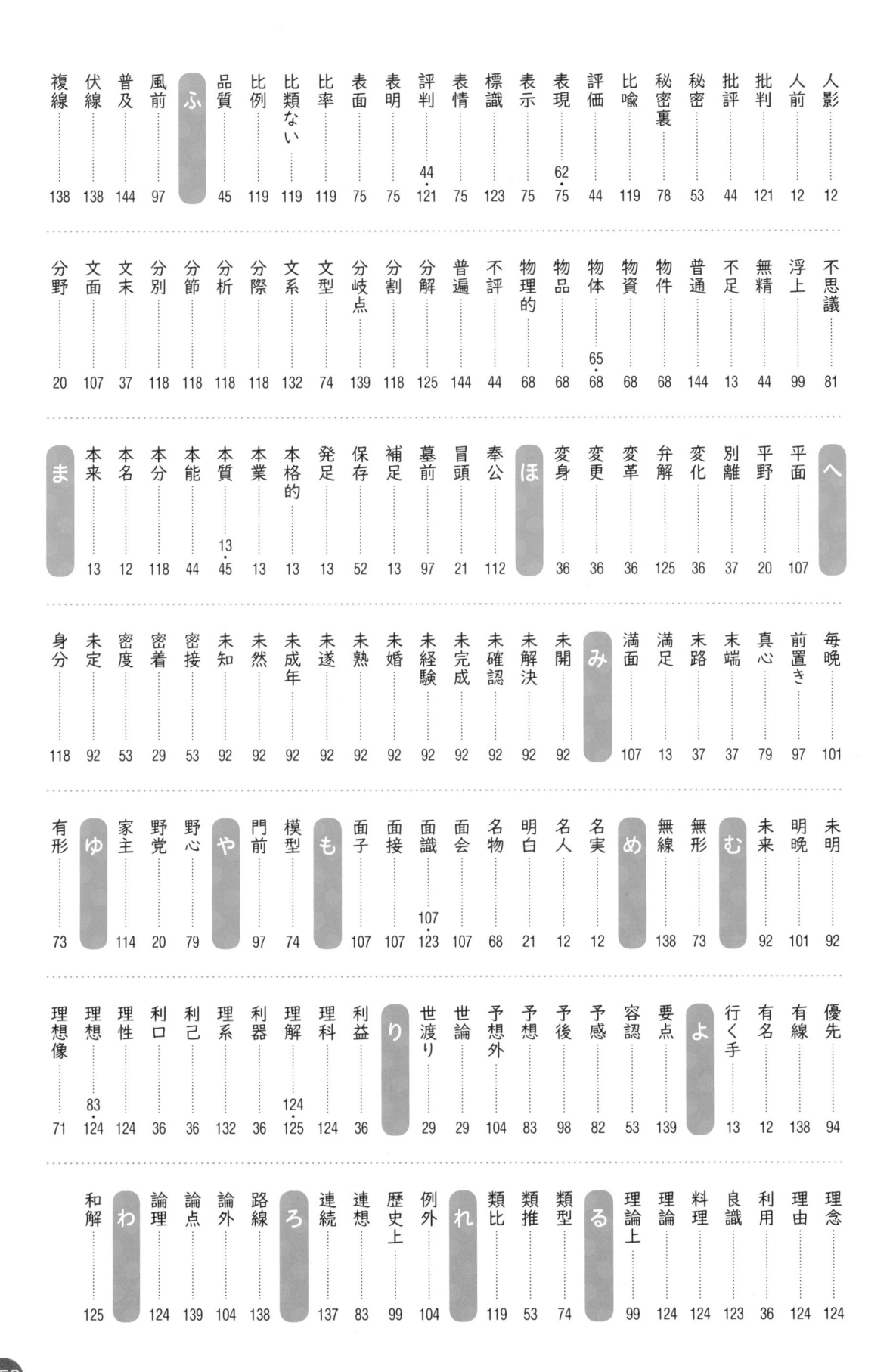

福嶋隆史（ふくしま たかし）

1972年 横浜市生まれ
ふくしま国語塾 主宰
株式会社横浜国語研究所 代表取締役
学歴：早稲田大学第二文学部/創価大学教育学部
所属：日本リメディアル教育学会/
日本言語技術教育学会/日本テスト学会
著書多数：
代表作(大和出版)
・『「本当の国語力」が驚くほど伸びる本』
・「ふくしま式」問題集シリーズ
全著書一覧：yokohama-kokugo.jp/books/
著者YouTube：youtube.com/@fukukoku

全著書一覧　アマゾン著者ページ　YouTube

参考文献

漢字ときあかし辞典(円満字二郎/研究社)
デジタル大辞泉(小学館)
新明解国語辞典 第八版(三省堂)
新選漢和辞典 第八版(小学館)

読解力アップにつながる！
ふくしま式《しき》「本当《ほんとう》の漢字力《かんじりょく》」が身《み》につく問題集《もんだいしゅう》

2024年 6 月30日　初版発行

著　者……福嶋隆史《ふくしまたかし》
発行者……塚田太郎
発行所……株式会社大和出版
東京都文京区音羽1-26-11　〒112-0013
電話　営業部03-5978-8121／編集部03-5978-8131
https://daiwashuppan.com
印刷所／製本所……日経印刷株式会社

Printed in Japan　ISBN978-4-8047-6432-0